Outros tempos

Edney Silvestre

Outros tempos
(crônicas e memórias)

2ª EDIÇÃO

EDITORA RECORD
RIO DE JANEIRO • SÃO PAULO
2011

CIP-Brasil. Catalogação-na-fonte
Sindicato Nacional dos Editores de Livros, RJ.

S593o Silvestre, Edney
2ª ed. Outros tempos: crônicas e memórias / Edney Silvestre. – 2ª ed. – Rio de Janeiro: Record, 2011.

ISBN 85-01-06433-5

1. Silvestre, Edney. 2. Nova York (Estados Unidos: Estado) – Crônicas. I. Título.

02-0911
CDD – 869.98
CDU – 869.0(81)-8

Copyright © Edney Silvestre, 2002

Capa: 19 Design / Ana Luisa Escorel
Foto da capa: Luís Cláudio Ribeiro

Direitos exclusivos desta edição reservados pela
DISTRIBUIDORA RECORD DE SERVIÇOS DE IMPRENSA S.A.
Rua Argentina 171 – Rio de Janeiro, RJ – 20921-380 – Tel.: 2585-2000

Impresso no Brasil

ISBN 85-01-06433-5

PEDIDOS PELO REEMBOLSO POSTAL
Caixa Postal 23.052
Rio de Janeiro, RJ – 20922-970

EDITORA AFILIADA

Este livro é dedicado a
Evandro Carlos de Andrade

Para Maria de Lourdes Silvestre,
pela coragem, pela inspiração, pelo exemplo.

e

Bert Steinhauser,
Flávia Villas-Boas,
Laurinha Figueiredo,
com saudade.

"The journey not the arrival matters"

Leonard Woolf

Sumário

OUTROS TEMPOS — OUTUBRO DE 2001   13

A CIDADE A QUE CHEGUEI: NOVA YORK SITIADA   31

PRIMEIRO TANGO EM NOVA YORK   39

MISTER MANUEL   43

INFERNO BRANCO   47

RITOS DA PRIMAVERA   51

EDUCAÇÃO SENTIMENTAL   55

DIAS DE CÃO. E GATO   61

O ESTILO NOSSO DE CADA DIA   65

A BARCA DA FORTUNA   69

O NASCIMENTO DE VÊNUS   73

O RÉU & EU   77

O CORAÇÃO É UM CAÇADOR INCANSÁVEL   81

SENHORES DO UNIVERSO & DO ROCK AND ROLL   85

ALMAS EM LEILÃO   89

SÍNDROME DE MANHATTAN   93

FARRAS NO KREMLIN   99

DA SARJETA À CASA BRANCA   103

FESTA NO INTERIOR   107

LENOX, MASSACHUSETTS   111

12 EDNEY SILVESTRE

Valença / Manhattan 115
O táxi do apocalipse 121
Cultura também é aflição 125
Os Antonios 131
Noite em Havana 141
Uma mulher no exílio 147
A gaivota do Central Park 157
Fim do verão 163
Índice 171

Outros tempos — Outubro de 2001

O cheiro de fumaça. Acre, seco, desagradável, constante. Já se passara mais de um mês desde que os aviões tinham sido lançados contra as torres gêmeas do World Trade Center, mas o odor permanecia. Não só nas ruas do meu bairro, próximo ao local do atentado. Longe, a muitos quilômetros dali, ele envolvia ruas, praças, viadutos, penetrava nas estações de metrô, irritava o nariz, a garganta, os olhos, a nos lembrar — para aqueles que estivessem chegando ou para quem quisesse esquecer que o impossível tinha acontecido — que mais de três mil mulheres e homens, um número jamais contado de crianças que ainda estavam nos ventres de suas mães, centenas de escritórios, bilhões, trilhões de sonhos, vidas e objetos estariam para sempre soterrados, mesmo quando as toneladas de aço e concreto tiverem sido retiradas.

14 EDNEY SILVESTRE

A cidade inexpugnável, a capital, o centro, o coração do capitalismo, fora atingida. A vida segura, os dias de caminhadas sem medo a qualquer hora, a certeza do futuro, o cochilo imperturbado num assento do metrô, num banco da Madison Square ou no gramado do Central Park, tinham acabado para sempre. Virado permanente recordações de outros tempos, mais gentis, talvez, seguramente mais luminosos, anteriores à enorme cicatriz aberta na ponta da ilha de Manhattan, o grande rombo que, visto de avião, traz à lembrança a devastação de Berlim ou Hiroshima em 1945.

Minhas janelas têm que ficar fechadas o tempo todo. O ar-condicionado ligado sempre: é a única maneira de impedir que o cheiro da fumaça, com sua lembrança de morte, também tome o interior de nossas casas e apartamentos. Em frente eu vejo o Empire State Building, recortado contra o céu azul límpido deste final de verão nova-iorquino, deste final de uma era em que os americanos conheceram o mais longo período de progresso, paz e crescimento econômico de sua história. Os Anos Clinton. Tão remotos, em outubro de 2001, quanto a chegada, em 1620, dos pioneiros do *Mayflower* a Cape Cod. Duzentos e vinte andares arrasados. Um milhão duzentas e cinqüenta mil toneladas de concreto e aço reduzidas a pó, metal retorcido, entulho. Parecendo naves de uma catedral gótica, os arcos de aço da fachada de um dos arranha-céus resistiram ao desmoronamento e fazem um estranho pano de fundo para a movimentação incessante das equipes, tratores, caminhões, maçaricos, gruas. Com duas grandes vigas de ferro encontradas num dos subsolos, os operários soldaram uma cruz de cinco metros de altura e a ergueram em um dos canteiros de trabalho.

Além das duas torres do World Trade Center, também acabaram indo abaixo outros quatro prédios de escritórios e um hotel de vinte e dois andares. A limpeza total da área, nos cálculos mais otimistas, não termina antes de julho ou agosto de 2002. Para reconstruir a infra-estrutura destruída, pelo menos uns quatro anos. Se houver dinheiro para isso: serão necessários de dezoito a vinte bilhões de dólares. Que os cofres da cidade não têm. E que a Casa Branca, comandada pelo presidente republicano George W. Bush, rejeitado pelos eleitores de Manhattan, que preferiram o candidato democrata Al Gore, dificilmente concordará em liberar.

Passadas tantas semanas, não há mais nenhuma possibilidade de encontrar alguém com vida mas, ainda assim, algumas famílias e amigos dos desaparecidos se agarram a uma esperança tão absurda quanto comovente: que eles não tenham morrido nos atentados, que estejam em estado de choque, tenham perdido a memória e estejam vagando pela cidade. Por isso põem cartazes em postes, paredes, bancas de jornais, estações de metrô, vitrines, cercas de jardins públicos, qualquer espaço onde caiba uma página, tamanho ofício. Colocam fotos, nome, endereço, números para contato e pedem que quem os vir dê notícias. São irmãs, namorados, pais, primos, filhos, vizinhos, mães, madrinhas, tias, sorrindo em suas melhores fotografias, quase todos vestindo nas roupas

16   EDNEY SILVESTRE

mais elegantes que talvez tivessem usado: um vestido de baile, o terno da formatura, a blusa comprada na loja de nome famoso ou na ponta de estoque, um colar que talvez tenha sido herança da avó que fugiu dos nazistas na Europa Central, o primeiro paletó escolhido sem a ajuda do pai ou da mãe, o smoking da festa de fim de ano.

Alguns nomes e rostos eu vi tantas vezes que se tornaram familiares: Laura, Jennifer, Sean, Sanjeev, Carl, Debbie, Michael, Dolores, Miguel, Robert, Joseph, Nick. A foto de Sanjeev o mostrava em roupa de formatura, ladeado por um casal indiano de meia-idade e uma jovem morena, com quem estava de mãos dadas. Dolores talvez tivesse quarenta anos, era cheinha, de cabelos ondulados. Nick, louro de cabelos espetados, tinha um sorriso grande, aberto, jeito de atleta. Para Robert os amigos escolheram uma foto colorida que o mostrava negro, elegante num terno cinza, camisa azul-clara, gravata num tom mais escuro de azul. Como ele, a maioria dos que pereceram naquela manhã, inclusive Laura, Joseph, Jennifer, Debbie, Sean e Carl, eram jovens, entre vinte e poucos e trinta e alguns anos, funcionários de financeiras. Miguel trabalhava no Windows on the World, que ficava no topo de uma das torres. Talvez fosse ajudante de cozinha? *Bus-boy*? Garçom? Pode ter-me servido alguma vez que jantei lá?

A grande praça perto de onde eu moro, a Union Square, transformou-se num memorial. Ninguém sabe dizer como começou. Logo na quarta-feira, no dia seguinte ao atentado, ao voltar da Globo, lá pelas nove e meia, dez da noite, vi umas flores, uma ou duas velas, um cartaz ao pé da estátua eqüestre de George Washington. Não me lembro o que dizia, só que estava escrito em letras minúsculas, umas poucas frases, um desabafo. Havia uma pequena bandeira americana, também, dessas que as crianças sacodem em paradas. Na noite da quinta-feira o círculo em volta da estátua estava tomado por velas e flores e homenagens aos mortos. Quem acendeu a primeira vela, colocou a primeira bandeira, pregou a primeira imagem do ente querido? Pouco a pouco o povo da cidade começou a ir ali. Alguns rezavam, outros acendiam mais velas, outros tantos colocavam mais cartazes, até que a praça inteira, numa extensão de três quarteirões, ficou tomada: da Rua 14 à 17, da Park Avenue à Broadway. A maior parte dos visitantes circulava em silêncio. No máximo, faziam comentários sussurrando. À noite, com tantas velas acesas, a Union Square ficava envolta em um halo dourado.

No Ponto Zero, agora, um novo tipo de bombeiros pode ser visto entre as equipes que se revezam ali. São os bombeiros aposentados que buscam os corpos dos filhos, igualmente bombeiros, jovens que seguiram uma tradição especialmente comum entre os descendentes de irlandeses e italianos, e que estavam entre os primeiros grupos a chegar ao local do atentado naquela manhã de onze de setembro. Trabalham isoladamente, separados uns dos outros. Chegam cedo, não têm hora para sair. Não querem sair dali. Vão todos os dias da semana, inclusive sábado e domingo.

18   EDNEY SILVESTRE

Alguns tiveram, na falta de melhor palavra, sorte: encontraram os meninos que criaram nos quintais dos bairros proletários de Queens, Brooklyn e, principalmente, Staten Island. O corpo, então, é posto em maca, coberto com a bandeira americana. Todos se postam em posição de sentido enquanto o filho é retirado para, finalmente, receber a extrema-unção, ter um enterro definitivo em algum lugar onde seu nome possa ser escrito na lápide, e seja riscado da lista das mais de duas mil pessoas desaparecidas. Um dos velhos bombeiros, chamado Lee Ielpi, perdeu ali dois filhos: o bombeiro John, de 36 anos, e o policial Joseph, de 34. Encontrou o caçula. Busca agora o primogênito. Os pais têm mais de 60 anos, cabelos brancos, tristeza que não tentam disfarçar, pouco falam, não dão entrevistas. Um operário conta que há os que falam baixinho, enquanto cavoucam: "Você está aí, meu filho, está aí?"

Com o fim das torres gêmeas, o Empire State voltou a ser o prédio mais alto de Nova York. "O próximo alvo de um ataque terrorista", muitos dizem. Normalmente às escuras a partir da meia-noite, o arranha-céu agora fica iluminado até o amanhecer, o topo adornado de azul, vermelho e branco. Foi um pedido das equipes que trabalham nos escombros do World Trade Center: queriam olhar para o norte e ver, ao menos, alguma luz além da fumaça, algo que os inspirasse a continuar a tarefa.

Do outro lado do mundo, desde sete de outubro, um domingo igualmente ensolarado como a terça-feira onze de setembro, as forças armadas americanas bombardeiam alvos no

OUTROS TEMPOS 19

Afeganistão. Buscam um bilionário saudita que usa sua fortuna, herdada de um pai construtor e aumentada com investimentos nas bolsas da América, da Ásia e da Europa, para alimentar o terrorismo. Pelas caixas de correios dos Estados Unidos circulam cartas contaminadas com antraz. Cada avião que passa leva os nova-iorquinos a levantar os olhos. Como fizeram os bombeiros, às oito e quarenta e oito da manhã daquela terça-feira, e testemunharam o choque do Boeing 767 da American Airlines, levando noventa e duas pessoas a bordo, com a torre norte do World Trade Center. Na Europa, conta Elisa Byington, Manhattan está sendo chamada de "a terceira torre". Há quem comente, mas a maioria não diz nada, todos sabemos a pergunta, a dúvida, todos reconhecemos o receio que se apossou de nós: quando será o próximo atentado?

Há outras, muitas, perguntas.

Na redação da Globo recebemos uma página com instruções para os procedimentos necessários em caso de bombardeios. Temos lanternas, um caminho de fuga marcado no chão da redação com fita adesiva amarela e preta, água em garrafas, uma pequena quantidade de dólares em dinheiro vivo para carregarmos conosco, pontos de encontro marcados para nos reunirmos após uma possível destruição. Devemos nos deslocar em direção ao rio, ao East River, e tentar cruzar alguma das pontes — se ainda houver. Mas é bom que sejamos rápidos. Numa reunião de que todos participaram, alguém informou que o edifício do Citicorp, de cinqüenta e nove andares, plantado do outro lado da Terceira Avenida, tem base mais fraca do lado nordeste: se cair, virá na direção do nosso prédio. Embaixo do edifício do Citicorp há uma estação de metrô, com três linhas de trem. Em frente às entradas colocaram barreiras de concreto. É para tentar evitar, na eventualidade de um ataque com caminhão ou carro com explosivos, que o veículo seja lançado dentro da estação.

Nós corremos outro risco, adicional e permanente.

O prédio de trinta e sete andares onde fica a sucursal da Globo tem, no térreo, uma das maiores agências de correios de Manhattan. Partilhamos com ela o mesmo sistema de ventilação, que circula por todo o edifício. Um atentado com antraz — ou qualquer outro agente químico ou biológico que possa ser espalhado no ar — contra a agência de correios trará os bacilos, ou seja lá que elementos mortais escolhidos pelos terroristas, até nossos pulmões. De quando em quando um de nós brinca com a possibilidade, mas no geral o assunto é evitado. A repórter Heloísa Villela, que tem dois filhos pequenos, um deles nascido em agosto, e teve de interromper a licença-maternidade, vez por outra fica até além da hora prevista e a babá do pequeno Zequinha o traz para ser amamentado; o mais velho, Tom-Tom, que ainda não completou dois anos, às vezes vem junto. Outra mãe na redação, com uma menina de um ano e dez meses, é a produtora Anemeri Soares. Alice é oito ou nove meses mais velha do que o filho de Julio Larcher, nosso engenheiro. Alexandra, a filha do cinegrafista Orlando Moreira, tem sete anos. Nenhum deles fala em mudar-se de Manhattan, em mudar-se da cidade.

Trabalhamos sem parar. Da redação, Zileide Silva faz comunicados freqüentes, ao vivo, para todos os telejornais da Rede Globo, sobre o estado que o país atravessa; nós dois trocamos informações, nos ajudamos mutuamente, somos mais que colegas: somos parceiros. Heloísa Villela e Jorge Pontual giram por Nova York inteira, reportam as metamorfoses e reviravoltas no comportamento do mercado financeiro e da população. O repórter Arnaldo Duran, baseado no Rio de Janeiro mas de férias na cidade, une-se à equipe e dá uma contribuição inestimável. O dia-a-dia da guerra no Afeganistão é tarefa de Luis Fernando Silva Pinto, diretamente de Washington. A mim cabe o que venho fazendo desde a primeira hora: o *Ground Zero*, o Ponto Zero, a área arrasada pelo maior ataque terrorista da história dos Estados Unidos.

Em onze de setembro cheguei lá com Orlando Moreira. Antes tinha estado ao vivo, pelo telefone, com Carlos Nascimento — que ancorava ininterruptamente dos estúdios da Globo de São Paulo — passando as informações mais duras que testemunhara: a confirmação do choque dos dois grandes aviões de passageiros contra as torres, o fechamento das pontes e túneis de Nova York e do espaço aéreo dos Estados Unidos, o pronunciamento do presidente americano, admitindo e confirmando que a nação tinha sido alvo de um ataque.

Fomos dos primeiros jornalistas no local. Estudantes e professores, executivos e engraxates, empresários e secretárias, vendedores ambulantes, lavadores de pratos e gerentes, ascensoristas, corretores de imóveis e advogados, zeladores, gente da bolsa, lojistas, turistas, viradores, porteiros e capelães andavam apressados ou corriam na direção oposta à nossa, rumo ao norte de Manhattan, que parecia mais seguro. Carros de bombeiros, ambulâncias, viaturas da polícia e — ainda não sabíamos porque — caminhões-betoneira dirigiam-se para o mesmo ponto que nós: lá, de onde vinha a fumaça das duas torres destruídas.

Os caminhões iam encher de concreto os túneis das linhas 1 e 9 do metrô, assim como os do trem que liga Nova York a Nova Jersey, o Path Train. Os túneis ameaçavam ruir. Se isso acontecesse, arrastariam com eles dezenas de edifícios, que por sua vez fariam outros tantos, inclusive a sede da prefeitura, a da bolsa de valores, em Wall Street, e estes alguns mais, num efeito dominó que poderia ser o começo do fim total daquela parte de Nova York. Toda a área a oeste das torres, um bairro novo chamado Battery Park, de edifícios altos, assim como uma parte do terreno em que as torres foram erguidas, é um aterro sobre o rio Hudson — contido por largas paredes de concreto nas quais foram ancoradas as bases do World Trade Center. Se as paredes da barragem cederem, o rio volta a ocupar o leito original. Vem tudo abaixo. Na Canal Street os bombeiros não queriam nos deixar passar: havia escapamento de gás, com risco de uma explosão. Os curiosos voltaram. Orlando e eu continuamos. Fizemos a primeira entrevista de uma testemunha a ir ao ar na televisão brasileira, no *Jornal Hoje* daquela tarde. Foi um capelão do corpo de bombeiros de quem nos aproximamos. Ele tremia. Tinha visto tudo. Era brasileiro.

Faço meu trabalho pensando em Evandro, no que ele gostaria que eu reportasse e como o dissesse.

No dia seguinte aos atentados somos um trio caminhando da Rua 14 até a área do desastre: Joana Studart, o cinegrafista Helio Alvarez e eu. As pontes e viadutos que ligam Manhattan ao resto do país foram fechados. Há filas de doadores nos bancos de sangue. As prateleiras dos supermercados estão vazias: a população, receosa, levou tudo o que podia. Num gigantesco complexo esportivo na West Side Highway, o estádio de patinação e hóquei no gelo foi transformado em necrotério. Alguns carros têm a bandeira americana nos para-brisas ou fitas com as cores da bandeira americana tremulando nas antenas. Soldados do exército e policiais de outras cidades, e mesmo de outros estados, estão patrulhando as ruas e avenidas. Como chegaram aqui, não sei. Horas depois ficarei sabendo que há bombeiros de fora trabalhando nos escombros. Muitos viraram a noite. Um destes, exausto, meio deitado na calçada coberta de poeira, nos conta: acha que ouviu vozes sob os escombros, diz que talvez ainda haja sobreviventes; depois levanta-se e caminha de volta para o Ponto Zero. As equipes de resgate usam pás, escavadeiras, cães farejadores, jatos d'água constantemente, na tentativa de apagar os muitos focos de incêndio*. Fala-se que mais de duzentos bombeiros que acudiam as vítimas dos atentados

---

*O último grande foco de incêndio só foi apagado na véspera do Natal; mas ainda em 7 de janeiro de 2002 persistiam alguns pequenos, sem que ninguém soubesse explicar direito a razão.

teriam sido soterrados nos dois desmoronamentos*. As autoridades não confirmam.

Quarta-feira foi o último dia em que encontraram alguém com vida.

Do treze de setembro em diante passo a ter no cinegrafista Sherman Costa um companheiro constante, com "olho" agudo para as melhores imagens e fôlego para andarmos quilômetros — toda a zona sul de Manhattan continuou fechada, primeiramente da Rua 14 até a ponta da ilha, depois da Canal Street até lá embaixo — driblando barreiras da segurança, em busca da humanidade de toda aquela destruição que vemos dia após dia. Começamos ainda no escuro, de madrugada nas primeiras semanas, mais tarde sempre por volta das seis da manhã.

Vamos para o Ponto Zero reportar o que se desenrola por lá: a emoção dos bombeiros, o desespero dos parentes da vítimas, a fadiga das equipes de resgate, o desânimo dos comerciantes sem fregueses, as visitas das autoridades, o desamparo dos moradores que não podem voltar a seus apartamentos, a transformação do bairro, a metamorfose de Rudy Giuliani, de político local hostilizado pelos — muitos — atos mesquinhos durante sete anos de administração, em líder sólido, generoso, humanizado, inspirador, de estatura nacional.

Para mim, que aprendi a amar esta cidade com a dedicação de um filho adotivo e há quase onze anos circulo pelas ruas

---

*343 bombeiros morreram nos desmoronamentos.

OUTROS TEMPOS 25

do bairro agora destruído, caminhando só pelo prazer de estar ali, ou indo comprar alguma coisa na loja de departamentos Century 21, ou chegando lá de metrô, saltando na estação Cortland Street que fica — ficava — no subsolo do World Trade Center, testemunhar tanta destruição tem um peso muito maior do que deixo transparecer. Conto com o apoio pessoal de Cristina Reis e o mais sólido amparo profissional, cheio de bom senso e precisão cirúrgica para moldar textos, da nossa chefe de reportagem, a gaúcha Malú Guimarães.

Somos um time coeso, com uma equipe de produção incansável, a começar por David Presas, que já estava se desligando da empresa quando ouviu a notícia dos atentados dentro de um ônibus, saltou, correu para a redação e lá continua. Às vezes parece que existem quatro ou cinco Joanas Studart, de tal forma ela apura, pesquisa, informa, checa cada nova informação para cada um de nós, repórteres — e chega até a operar a câmera fixa para os "ao vivo" de Zileide, quando necessário. Simone Burgos, que oficialmente é responsável unicamente pelo arquivo, garimpa imagens e informações. Duas jovens jornalistas que fazem estágio conosco, Daniele Siqueira e Bruna Paixão, revelam-se entusiasmadas colaboradoras, prontas para vôos mais amplos. Uma das matérias mais emocionantes que fiz, sobre a brasileira Célia McCullum, que escapou com vida do caos em que se transformou a área do World Trade Center descendo mais de vinte andares a pé — apesar de ter perdido o sapato ortopédico que lhe permite caminhar — foi produzida pela pernambucana Daniele.

26 EDNEY SILVESTRE

Para dar forma final às matérias dos cinco repórteres para todos os noticiários da Globo, os editores de imagem Kaká Langer e Paulo Vinhas se desdobram. Por um período curto tivemos ajuda de colegas que vieram do Brasil: os editores de imagem Guilherme Amatucci e Alvaro "chumbinho" Salles. Com eles vieram os repórteres William Waak e Cesar Tralli, acompanhados dos cinegrafistas Paulo Zero e Fernando Ferro. Tralli — afetuoso, entusiasmado — gostava de ver o que cada um estava fazendo, vibrava, participava. "O alemão", como alguns chamam Waak, tinha sempre uma postura mais analítica, algo assim como um Chefe de Estado europeu. A gente se via e se cumprimentava na redação com a urgência de soldados no *front*: um estava chegando, outro saindo, alguém mais se aprontando para uma entrevista, correria daqui e dali, troca de equipamento, busca de alguma fita de vídeo, quem ligou, quem disse o quê, quem vai em qual carro, a que horas serão as transmissões via satélite aquele dia, onde foi parar um texto, uma página de jornal, uma anotação imprescindível. Coordenando a operação, entre telefonemas para o Brasil, corridas pela redação e reuniões a portas fechadas com cada integrante da equipe, entrando ainda de madrugada e sem hora para sair, a carioca Simone Duarte. A equipe de administração — Ionaide de Souto, Clarice Levine e Carla Lima — nos auxilia sem limites, por vezes andando quilômetros a pé para garantir que teremos água, comida, até lápis e papel, num período em que mesmo as necessidades mais banais se tornaram excepcionalmente difíceis.

Andávamos muito de metrô, carregando câmeras e equipamento escada acima, escada abaixo: o trânsito estava mais caótico do que nunca, levava-se horas para atravessar uns poucos quarteirões e as entradas e saídas de Manhattan foram fechadas, sem aviso prévio, inúmeras vezes. Chegamos a ter dois motoristas extras nas primeiras semanas, ambos brasileiros: Amaral e Caláu. Mas o nosso porto seguro, aquele que sabia circular entre os caminhos proibidos, através de vielas e becos de Chinatown, sempre pronto para ajudar a todos nós era Paulo Nogueira, nosso Paulão.

No Brasil, em Valença, no interior Estado do Rio, durante uma das habituais reuniões de domingo no clube de terceira idade que minha mãe ajudou a criar e do qual faz parte, alguém lhe diz, maldosamente: "Admiro muito sua calma, Lourdes; você aqui se divertindo enquanto seu filho em Nova York pode morrer a qualquer momento." Outros são generosos, oferecem palavras de apoio e solidariedade.

Não tenho mais nenhuma vida pessoal, não me sobra tempo para mais nada. Durmo mal, agitado. Não tenho fome. O que tenho é muita vontade de voltar a fumar, não sei por quanto tempo conseguirei resistir. Sherman, fumante inveterado de dois maços e meio por dia, tentando não aguçar minha agonia, passou a fumar escondido. Eu finjo que não vejo e me torno grato por mais essa delicadeza do companheiro de trabalho.

Quando posso, me comunico por *e-mail* com a família e os amigos. Escrevo, vez por outra, curtas mensagens coleti-

28 EDNEY SILVESTRE

vas, apenas para dizer que estou bem, que vamos indo, tocando. São os únicos momentos em que me permito me afastar da "distância jornalística" dos acontecimentos de que sou testemunha. "O presidente americano acaba de declarar estado de emergência nos Estados Unidos", eu escrevi para Carlos Leonam, três dias depois dos atentados. "E o povo americano foi avisado que deve se preparar para uma guerra sem limites contra os terroristas. Que essa guerra pode levar anos. Não escrevo para assustar, caro amigo, mas para pedir: vamos manter a lucidez e lembrar que, por mais difíceis que sejam os tempos, nunca devemos é *esquecer* mesmo a esperança."

Não consigo ouvir música. Nenhuma. Nem mesmo os concertos para clarinete de Mozart, que sempre me trouxeram serenidade. Nas poucas horas entre a volta da redação da Globo e o momento em que vou dormir só quero silêncio. E Nova York, sempre tão ebuliente, também está mais quieta. As onipresentes buzinas dos táxis, caladas. Os — muitos — motoristas de origem paquistanesa temem represálias pelo apoio do país deles ao regime talibã e, para não deixar dúvidas de que lado estão, trazem adesivos com as cores azul-branca-vermelha colados nos vidros. A maior parte dos veículos em circulação, não só aqui como em todos os Estados Unidos, também passou a prender bandeiras americanas nas antenas dos rádios; a população usa broches, laços, lenços, echarpes, bandanas com as cores do país ferido. Uma pessoa da redação de São Paulo comentou, numa mensagem, que era "mais uma panaquice desses americanos". Não entendeu que aquelas cores exibidas continuamente eram como os fios de um tecido rasgado, que todos tentavam remendar, recompor.

A cada momento, a cada vez que vou ao Ponto Zero, meu sentimento é o de comparecer ao funeral de alguém que conhecia. São milhares de vítimas*, mas é a tristeza de pensar em cada uma que pesa quando vejo o amontoado de ferros retorcidos e concreto que se acumulam numa altura de... seis andares? Oito, dez? Fala-se em mais de cinco mil mortos. Durante semanas o prefeito Rudy Giuliani insistiu em chamar os trabalhos de "resgate", como se ainda houvesse pessoas vivas sob aqueles milhares de toneladas. Todos sabíamos que eram esperanças vãs. Mas aceitava-se. O brutal assassinato delas não permitia que se pensasse de outra forma. Algumas jamais serão encontradas: foram pulverizadas nos desmoronamentos e pela altíssima temperatura dos incêndios. O psicanalista Stanley Siegel testemunhou, das janelas que ocupam toda a altura de seu apartamento no quadragésimo segundo andar de um edifício moderno em TriBeCa, os desesperados que saltavam das janelas. Não consegue apagar os saltos fatais de sua memória.

Ao final do primeiro dia voltei da Globo por volta das dez da noite, de metrô. Na Sexta Avenida, fechada, em frente ao pronto-socorro do hospital Saint Vincent, centenas de médicos e enfermeiros de pé, alertas, aguardavam a chegada dos

---

*Em 31 de dezembro de 2001 os mortos, oficialmente, chegavam a 2.823.

feridos. Houve cinco ou seis, apenas. Os serviços de ajuda permaneceram imóveis madrugada adentro, as macas vazias, os corredores do hospital quietos, as salas de operação sem uso.

Lá embaixo, no sul da ilha, o fogo e as luzes dos holofotes refletiam-se, rubros, na fumaça que ia ocupando lentamente, grossa e volumosa, o céu de Manhattan.

(inédita)

A CIDADE A QUE CHEGUEI: NOVA YORK SITIADA

Quando voltei da ceia de Natal de 1991 no apartamento de Betty Lago encontrei no vestíbulo do velho edifício onde eu morava, na Greenwich Street, uns cinco ou seis rapazes negros e hispânicos fumando crack. Empurrei a porta de vidro. Nem se mexeram. Me olharam com indiferença, tive de pedir licença para conseguir passar. Já ia abrindo a porta que dá para o interior do prédio quando me voltei para eles e disse: "Vocês não podem fazer isso aqui; vão fumar na rua." Não se moveram. Eu não abri a porta. Em vez disso, rodeado, insisti: "Ou vocês saem ou eu ligo para a polícia agora mesmo."

Só então notaram que havia no meio deles alguém que não era mais um dos habitantes da noite do West Village, se abrigando do frio e partilhando a droga barata que tomara conta do mercado dos viciados. Após uma ligeira hesitação,

32 EDNEY SILVESTRE

começaram a sair. Sem dizer uma palavra, sem nenhum gesto agressivo para com o morador revoltado. Foram, seguramente, procurar abrigo em algum outro prédio da área. Eu entrei. Só então me dei conta do risco que tinha corrido. Não foi um gesto de coragem. Foi minha primeira manifestação de cidadão que paga imposto em terra estrangeira.

Nova York, naqueles primeiros anos da última década do século XX, era uma cidade em crise. Estava completamente decadente. Como acontecera desde a presidência do republicano Gerald Ford, fora riscada da lista de prioridades do presidente George Bush. O pai, não este caubói que os americanos semi-elegeram em novembro do ano 2000 (ele perdeu no voto popular, lembram-se? O cargo foi entregue a ele pelos juízes da Suprema Corte, após uma recontagem de votos cheia de manobras suspeitas, especialmente no estado da Flórida, onde o irmão dele, Jeb Bush, era o governador).

Bush pai tinha sido um pastor sonolento do povo americano ao longo do tombo morro abaixo que a economia dos Estados Unidos sofrera no final dos anos 80 e ia passando para a história como o senhor de família grã-fina, filho de senador, ex-chefe da CIA, ex-vice de Ronald Reagan, sentado na Casa Branca por inércia do partido dele e vácuo nas lideranças do Partido Democrata. Tinha feito uma guerra, a do Golfo, conseguindo um fato inédito: o causador do conflito, o vilão que invadiu o Kuwait, Saddam Hussein, não só continuou no poder como mantinha bombardeios constantes contra a minoria curda no norte do Iraque e fabricava armas químicas e biológicas, quiçá mesmo nucleares, nas barbas de seus vencedores. Vale lembrar que os dois maiores fornecedores da matéria-prima que permitia ao ditador iraquiano fabricá-las tinham sido a Alemanha e os Estados Unidos.

Manhattan afundava. O então prefeito, David Dinkens, um doce homem de bonitos discursos com toques literários (dizia-se que a escritora Toni Morrison dava uns palpites; ninguém jamais confirmou), parecia contentar-se em ter subido os escalões da burocracia do Partido Democrata, e mostrava-se mais interessado em disputar freqüentes partidas de tênis com gente famosa (Sonia Braga e Arthur Ashe, entre outros) do que em ocupar-se de uma cidade dominada por traficantes de drogas, corrupção no serviço público, pedintes agressivos, prostituição, crime, lojas de artigos pornô pipocando pelos bairros residenciais, fuga de empresas para outros estados, um número recorde de pessoas dormindo nas ruas, desemprego, Aids, comércio decadente, êxodo da classe média.

Não só ruas, mas bairros inteiros eram mantidos reféns pelos traficantes.

Como a maioria dos traficantes e seus comparsas era, como a imprensa americana eufemisticamente chamava, "étnica" — ou seja, negra ou de origem hispânica — a polícia ficava cheia de dedos para agir. Porque o prefeito Dinkens era negro. "Afro-americano", como alguém inventou, para desespero de intelectuais e ativistas negros sérios. Vários policiais tinham sido punidos por agir, coloco aspas porque assim era mencionado na imprensa, "de forma insensível" contra bandidos negros, mulatos ou morenos. Houve mesmo casos de processos contra a polícia e a cidade, em favor dos suspeitos, por "excesso de força".

Havia — ainda está lá — uma delegacia de polícia na Rua 10, a um quarteirão do apartamento em que eu vivia desde outubro de 1991. Se alguém ligava para o Sixth Precinct pedindo que mandassem uma viatura, eles atendiam. Mas só podiam, mesmo, passar com os carros branco e azul em frente aos traficantes, viciados, travestis e prostitutas que, das seis da noite em diante, tomavam conta do bairro residencial mais antigo e preservado de Manhattan. Até o amanhecer estes eram os verdadeiros proprietários do West Village.

No mesmo bairro, mais para o leste, a mesma Washington Square que inspirou o romance homônimo de Henry James tornara-se um mercado livre para todo tipo de droga, vendida por garotos de pouco mais de dez, doze anos e, principalmente, por imigrantes africanos e jamaicanos, que as ofereciam cantando a qualidade dos produtos com seus sotaques musicais. Os bancos, os caminhos entre os canteiros, os canteiros — onde nada era plantado ou mantido — e a fonte, assim como o círculo que servira de ponto de encontro de pacifistas nos anos 60 e cenário de manifestações contra a guerra do Vietnã, eram território exclusivo dos comerciantes de crack, cocaína, morfina, ácido lisérgico e maconha. A partir do anoitecer ninguém, nenhum cidadão que prezasse a vida, entrava lá. Os moradores eram forçados a dar a volta em torno da praça para chegar a suas casas.

O metrô de Nova York batera um recorde. Um triste, feio recorde: era o mais pichado do mundo. Havia mesmo cartões-postais com as imagens da imensa porcaria. E não só os trens subterrâneos viviam emporcalhados por frases tolas, garranchos e desenhos idiotas. Paredes, portas, janelas, muros, calçadas e mesmo caminhões e carros eram usados como telas por qualquer um que tivesse uma lata de tinta em *spray* e uma pobre idéia na cabeça. Mais uma vez entravam aqui os politicamente corretos, os defensores do grafite, que classificavam como "democratização da expressão artística", quase sempre citando Keith Haring e Jean-Michel Basquiat como exemplos de talentos que, sem dinheiro para telas, faziam das calçadas e paredes de Nova York seus estúdios. Como Basquiat e Haring foram casos únicos, o que acontecia era mesmo a democratização da idiotice. Que tornava Nova York uma das cidades mais sujas do planeta. O lixo acumulado pelos cinco bairros, entre uma greve e outra dos serviços de coleta, dominados por gângsteres ligados às famílias mafiosas, ajudava a tornar a cidade mais feia, malcheirosa, desagradável.

Times Square continuava iluminada por luzes, néons, cartazes de teatros, anúncios de refrigerantes, cigarros, marcas de televisores e bebidas alcoólicas japonesas. Foi o tempo, também, em que um grupo de investidores do Japão comprou um dos símbolos da riqueza americana em Nova York: o Rockefeller Center. No bairro de Chelsea outros japoneses tinham abocanhado boa parte daquela que era, seguramente, a loja de departamentos mais atrevida e sofisticada do mundo, a Barneys; iriam fechá-la ali e abrir uma versão mais comportada na avenida Madison. (Pelo resto dos Estados Unidos os japoneses também haviam comprado desde estúdios de cinema em Hollywood e fábricas de balas e biscoitos, até cadeias de supermercados; os economistas e analistas de mercado de então afirmavam, a plenos pulmões, que o Japão seria a grande potência do século XXI.)

Tomar um café decente era raro. O que era servido com esse nome nos *diners* era uma água cinzenta, rala, com um gosto vago. Na rua 42 circulavam, com ar de proprietários, as prostitutas, os michês, os cafetões e os batedores de carteiras. Os teatros da Broadway encerravam mais um ano magro de público. Os musicais de maior sucesso eram, em última análise, operetas, e tinham sido importados da Europa: o francês *Les Miz* e o inglês (produzido por um canadense) *Miss Saigon*. As duas peças que mereceram os maiores aplausos da crítica: *Six degrees of separation*, de John Guare, e *Lost in Yonkers*, de Neil Simon — ainda que poucos soubessem quem era aquele ator que estrelava esta última, um sujeito sem maiores atrativos chamado Kevin Spacey.

Talvez a grande e mais significativa — desculpem o clichê — figura emblemática do início dos anos 90, daqueles tempos de descaso administrativo e inversão de valores era o *squeegee man*. Vamos colocar plural nisso. Muitos plurais. Os *squeegee men* eram desocupados que se postavam pelas esquinas. Quando o sinal fechava, avançavam para os carros (as mulheres eram as vítimas favoritas) e jogavam água imunda,

OUTROS TEMPOS **37**

quase sempre com terra ou óleo, nos pára-brisas. Em seguida, ofereciam-se para limpar. Os/as mais revoltados/as até que tentavam recusar mas não tinham como avançar, não poderiam dirigir dali em diante porque não enxergavam nada, e eram obrigados a aceitar a oferta. Se davam um ou dois dólares, eram xingados e, por vezes, tinham seus carros chutados, socados, o capô amassado. E ficava por isso mesmo, pois eram vistos como "pobres criaturas em busca de sustento".

Como Nova York era, como sempre tem sido, um reduto do Partido Democrata, amplamente apoiado pelos sindicatos, e como o prefeito Dinkins já decidira que seria candidato à reeleição, o Partido Republicano aceitou antecipadamente a derrota quando chegou o ano eleitoral de 1994. O candidato deles era um ex-democrata, um promotor que acenava com a proposta de que começando por acabar com janelas quebradas, paredes emporcalhadas e vagabundos jogando água suja em pára-brisas, conseguiria reverter a decadência da cidade. É evidente que muitos, especialmente a *intelligentsia* nova-iorquina, consideraram a proposta absurda, irrealista, demagógica e ridícula. Tinham absoluta convicção: aquele tal de Rudy Giuliani jamais se elegeria.

(inédita)

PRIMEIRO TANGO EM NOVA YORK

Tenho uma amiga que, depois de quase duas décadas visitando Paris todos os anos, veio a Nova York pela primeira vez. Na segunda noite estava dançando tango com uma *drag queen* num restaurante do Greenwich Village, que tal isso? Não façam o quadro ainda. Minha amiga não é uma doidivanas ensandecida, como o episódio pode fazer crer. Antes pelo contrário. É uma profissional seriíssima, mãe-tipo-sargento de um casal de filhos pré-adolescentes, com um sóbrio passado que possivelmente não exclui a indefectível ficha no Dops. Desconfio até que havia razões ideológicas para jamais ter querido pisar em solo americano, mas isso já é outra história.

O que aconteceu a ela eu já vira acontecer antes (sem os acordes plangentes da música argentina — onde, aliás, nasceu sua avó). Nova York provoca uma estranha, espantosa metamorfose nas pessoas e, especialmente, naquelas que estão fazendo sua visita inaugural. Por mais preparado ou indiferente ou esnobe que alguém esteja ou seja, a primeira vez aqui sempre tem um impacto não muito diferente da primeira noite de amor, que se pode até detestar, mas da qual inevitavelmente se acorda diferente.

Eu, por exemplo, não consegui dormir durante cinco noites seguidas (isto é, após meu desembarque em 1973). Meu coração jovem pulava de excitação, tudo me parecia ainda maior e mais vibrante do que vira sentado nas duras cadeiras do pequeno cinema de Valença, tinha a impressão de que não haveria tempo suficiente para ver tudo, cheirar tudo, xeretar e descobrir e usufruir cada minuto. Vinte e um anos depois, ainda acho. Pior: sei que é verdade. Soa como metáfora da vida, mas não pretendo tanto; falo no sentido literal, mesmo.

Imagino que essa energia borbulhante, capaz de nos virar pelo avesso, tenha alguma explicação racional. Parte tem de vir desse amontoado de gente vinda de todo canto do mundo, da constante maré de desenraizados que aqui desembarcam com bolsos vazios e malas cheias de sonhos. Atores ou padeiros, donos de armazém ou de financeiras, cantoras ou caça-dotes, arquitetos ou cozinheiros, manicures, floristas, modelos, pedreiros, mecânicos, cabeleireiros, escritores, dançarinos, secretárias, advogadas, todos têm a mesma fé, à sombra do Empire State: *"If I can make it there, I'll make it anywhere."* Talvez nem seja verdade que fazer sucesso aqui garanta todo

OUTROS TEMPOS **41**

o resto. Mas, aturando o que tiver de enfrentar, a determinação e persistência de cada nova-iorquino é inegável. Assim como a repetição de histórias que inspiram cada recém-chegado.

A garçonete do pub White Horse, por exemplo, teve de ser lambida por um macaco descomunal, mas hoje todo mundo sabe que Jessica Lange existe. O office-boy albino que chegou da operária Pittsburgh nos anos 50 com uma mão na frente e outra atrás pode ter terminado como caricatura de si mesmo, mas ninguém ignora que um dia ele foi Andy Warhol e deixou fortuna pela qual uns e outros continuam se apunhalando. A camelô tcheca que vendia muamba nas calçadas das lojas de luxo da Quinta Avenida hoje roda em frente a elas a bordo de uma limusine, notória como Ivana Trump. O adolescente alemão que mal falava inglês ao refugiar-se aqui acabou moldando a política mundial e continua sendo o poderoso Henry Kissinger — sem jamais ter perdido o sotaque.

Porque aqui sotaque não faz diferença. Cada um tem o seu, cada comunidade — italiana, judia, negra, asiática, hispânica — instala sua pronúncia particular, donde ninguém estranha a do vizinho. Também porque grande parte da população chegou a Nova York fugindo de perseguições religiosas, políticas, sexuais ou de cor, a intolerância para com o diferente é inaceitável. Daí que Jimmy, um bem-apessoado rapaz altão e parrudo como seus antepassados huguenotes, fica perfeitamente à vontade sob a peruca loura e o vestido longo que todo domingo o transforma em Patricia, a *drag queen* que queria aprender a dançar tango. Ainda que tímida, mesmo que a princípio inibida, minha amiga e Patricia cruzaram passos no salão do restaurante Chez Ma Tante, ao som de "El dia em que me quieras".

A lição, me parece, beneficiou os dois.

O Globo
14 de maio de 1994

MISTER MANUEL

Aqui sabem tanto de nós quanto nós de Burma ou de Botsuana. Com um agravante: americano é péssimo de geografia. Além de cismar que somos hispânicos e achar que falamos espanhol, tem quem nem mesmo situe o Brasil no mapa-múndi, como a simpática balconista loura que exclamou "Oh, Argentina! Adoro tango!", quando disse a ela que estava indo para o Rio de Janeiro. Isso dentro de uma agência de viagens.

Pois para qualquer americano médio, Brasil, Burma ou Botsuana são igualmente remotos, igualmente vagos, igualmente exóticos, e a anos-luz de qualquer relação com a vida deles. O presidente Ronald Reagan, que não era tão médio assim, não achou que estava na Bolívia quando visitou o Brasil?

Já me acostumei a ouvir gentis bobagens, não ligo para as conexões estapafúrdias que fazem ("Você é brasileiro? Tenho

44 EDNEY SILVESTRE

um primo que esteve no Equador") e até me divirto com essa miopia autocentrada. Mister Manuel Neves, porém, não tinha o menor senso de humor para enfrentar a limitação ianque. Aliás, Mr. Manuel não tinha o menor senso de humor, ponto. Metódico, irascível, obstinado e — como bom descendente do povo que nos deu Dom Sebastião, Vasco da Gama e Pedro Álvares Cabral — orgulhoso das conquistas destemidas e do glorioso passado lusitano, nada o ofendia mais do que ser tomado por espanhol. Sim, porque se nós, que somos deste tamanhão, um país maior do que os Estados Unidos, os americanos não localizam, imaginem Portugal, que é menor do que Sergipe. Quanto mais na época em que Mr. Manuel chegou aqui, no final dos anos 20, com os Estados Unidos mal começando a sair de seu isolamento após a Primeira Guerra Mundial.

Pois as décadas passaram, ele progrediu, casou-se (com uma portuguesa que foi buscar na *terrinha*, naturalmente), teve filhos americanos, viu passar a Segunda Guerra Mundial, a da Coréia, chegar a do Vietnã. E nada mudou. Com poucas, raras, honrosas exceções, todo mundo continuava chamando-o de "Mister Manuel, o espanhol de Lisboa".

O equívoco mostrava-se particularmente humilhante porque Mr. Manuel Neves era dono de um restaurante português no Greenwich Village chamado Blue Mill (Moinho Azul), que funcionou na esquina das ruas Barrow e Commerce até o início dos anos 90 (hoje no local está o moderninho The Grange Hall, onde come-se frango "criado livre e

OUTROS TEMPOS **45**

alimentado com comidas livres de agrotóxicos", diz o cardápio, o que me parece antes de tudo cruelmente sarcástico, já que as aves são tão bem cuidadas para, mais dia, menos dia, acabarem decapitadas, fritas e assadas). O estabelecimento de Mr. Manuel era o único restaurante português de Manhattan, aliás. Segundo contou-me o bonachão Arnie Warwick, morador do bairro desde priscas eras, era ali que vez por outra almoçavam Marlon Brando e Kim Stanley, enquanto ensaiavam *Um bonde chamado desejo.*

Mas o Blue Mill não era lugar de artista. Longe disso. Seus fregueses assíduos eram gente como Arnie e os filhos, famílias de profissionais liberais (A.W. é dono de uma pequena corretora de imóveis), mais ocupados em ter uma vida calma e de qualidade do que sair à cata do brilho, da fortuna e da aflição do sonho americano. Para eles a boa, farta e barata comida portuguesa preparada pela família Neves — peixes e frutos do mar, basicamente, com as filhas e a mãe na cozinha; Alcino, o filho mais velho, funcionando como maître — era uma acessível novidade bem-vinda. Para saboreá-la, no entanto, tinham de aturar algumas idiossincrasias do proprietário.

Mister Manuel mantinha as portas do Blue Mill trancadas até o meio-dia — mesmo se estivesse caindo um grande toró ou nevasca sobre as cabeças dos fregueses que se alinhavam do lado de fora. Às três da tarde parava de servir e ia tirar uma sesta. Às cinco, reabria para o jantar, que acabava pontualmente às nove. No verão o Blue Mill não funcionava: Mr. Manuel partia para Lisboa, com toda a família, por julho inteiro, para matar as saudades. Conforme foi envelhecendo, mandava todos de volta e ficava também por agosto. Depois passou a sair de Nova York em junho (Alcino assumia o comando) e a retornar só em setembro.

Até que, finalmente, roído pela nostalgia expatriada dos queijos de coalho, vinhos verdes, bacalhoadas e do som da própria língua dançando pelas esquinas e tascas, decidiu fazer as malas e voltar de vez para Portugal. Após vencer a resistência dos filhos e da mulher — que caía em pranto convulso ao pensar na distância da prole e dos netos (que já eram cinco ou seis na época, meados dos anos 80) — comprou uma bela quinta, não muito longe de Lisboa, com as economias que havia acumulado na América.

Não havia ainda resolvido todas as pendências por cá quando foi fulminado por um ataque do coração enquanto tirava seu cochilo vespertino. Organizado, como sempre fora, deixou um testamento justo, onde os bens eram distribuídos sabiamente. A família, comovida e grata, resolveu realizar postumamente seu sonho frustrado. O corpo foi embalsamado, colocado num avião e embarcado para ser enterrado na pátria que deixara aos onze anos. Só que Mister Manuel nunca chegou lá: um americano médio carimbou "Madrid" na ficha que indicava a cidade portuguesa à qual o caixão se destinava.

O Globo
3 de fevereiro de 1996

Inferno branco

Temos desde o Natal o maior rinque de patinação do mundo: 777 quilômetros quadrados do que existe de mais sólido, vítreo, brilhante — e escorregadio — gelo jamais visto em qualquer outra metrópole do planeta. Para ser mais exato, o espantoso e gigantesco estádio ao ar livre ocupa toda a ilha de Manhattan, mais os bairros de Queens, Bronx, Brooklyn e Staten Island.

Porque nevou, congelou, choveu, congelou de novo, e choveu e nevou mais e mais ainda, seguido de uma onda de frio vinda do Pólo Norte que solidificou aquilo que antes fora um macio tapete branco a cobrir ruas e calçadas, não há um único pedaço da cidade onde não se deslize. Involuntariamente, na maior parte das vezes, e com abundantes, inevitáveis aterrissagens doloridas. Pode ser muito engraçado, claro, como o cachorro dinamarquês que vi patinando sem querer, caindo de quatro na rua Hudson, e que depois se debatia como um monge possuído por mil demônios, sem conseguir levantar-se (o dono, tentando erguer aqueles sessenta e tantos quilos, não estava rindo). Para os velhinhos que moram na minha área, contudo, nem estas cenas hilárias nem o inverno branco que encanta os turistas tem a menor graça. É perigoso para seus ossos frágeis e os obriga a ficar trancados dentro de casa.

No momento o sol está brilhando, o céu pálido não tem uma nuvem sequer — uma vantagem sobre os tristes, deprimentes, cinzentos invernos de cidades como Paris. Mas o termômetro do lado de fora de minha janela marca cinco graus Fahrenheit. Em graus centígrados isso quer dizer menos quinze. Repito: menos quinze. Sem contar o *wind factor*, que é como eles chamam o efeito do vento sobre a temperatura. Porque quando sopra o maldito vento ártico a sensação térmica num dia como hoje cai para menos trinta e alguma coisa. Pode ser temperatura de primavera para os esquimós; para seres humanos criados nos trópicos é inferno gelado, mesmo.

Não há casaco, suéter, cachecol, chapéu, luva ou tapador de orelhas que resolva. Mesmo aprendido o "Truque Cebola" (vestir-se em camadas que incluem ceroula sob a calça, camiseta, suéter de gola rulê por cima da camiseta, camisa por cima do suéter, outro suéter por cima da camisa, paletó por cima do segundo suéter e sobretudo por cima de tudo), sair à rua continua sendo uma tortura. Outra é entrar nos lugares aquecidos, assim vestido como um robô gordo. Como lá dentro a temperatura nunca é menor que vinte graus (centígrados), a sensação é de ter sido transportado para Bangu, em pleno verão, sob o sol do meio-dia. O que nos obriga a despir as camadas, uma a uma, até pelo menos o nível da decência pública. No sábado passado (menos vinte graus Farenheit), quando finalmente acabei de tirar tudo o que me faria confortável na poltrona do cinema onde assisti a *Philadelphia*, de Jonathan Demme, a pilha de roupas que acumulei na poltrona ao lado era tão alta que escondia o vizinho.

Todo mundo em Nova York — menos os turistas, que por alguma estranha compulsão parecem deliciar-se com o *white hell* — reclama, e as desgraças meteorológicas transformam-se no assunto favorito em elevadores, no metrô, em filas de supermercados, nos balcões das lojas de departamentos, dentro dos táxis, onde quer que ainda haja sinais de vida humana. É parte da graça desta cidade, vale dizer, comentar o tempo. Sempre serve para um rápido papo cordial com o vizinho, sem atravessar a barreira da ferozmente guardada privacidade, ou como forma de abordar alguma paquera (o amor e a luxúria, ao contrário de outras diversas manifestações da natureza, não morrem, hibernam ou sequer adormecem no inverno. Pelo contrário). Mas nas breves conversas deste ano parece haver um certo clima de susto: se janeiro, que é sempre menos frio que fevereiro, está deste jeito, o que nos aguarda no próximo mês?

Gosto do inverno. Chego mesmo a ter uma certa, ainda que modesta, familiaridade com ele, pois me criei em Valença, no Estado do Rio, onde os meses de julho e agosto eram marcados por um constante vento frio a correr pelas ruas de paralelepípedos. Mas frio lá significava dez graus, cinco quando tínhamos um inverno exepcionalmente rigoroso. E este inverno nova-iorquino está indo muito além do meu deslumbramento tropical: às minhas agruras somou-se esta semana um problema extra. O *boiler* do meu prédio quebrou. Estamos sem aquecimento e sem água quente. Os outros habitantes abandonaram o edifício, eu tive de ficar. Aqui está meu telefone, meu fax, meus arquivos, meu computador. Fiquei, como o capitão de um navio que submerge. Aplico o "Truque Cebola" e me viro o melhor que posso com um pequeno aquecedor portátil. Ainda estou em dúvida se sou um estóico ou um maluco. Perto do que vi hoje de madrugada, no entanto, não passo de um fraco, de um banana, de um reclamador. Vou contar.

Acordei com a impressão de que havia alguém cantando na esquina. Imaginei que sonhava. Mas logo ouvi de novo a mesma voz. Era poderosa, forte, alta como as que se ouve nas igrejas do Harlem. Cheguei à janela (no termômetro: menos dezoito) e vi. Sob a neve que caía suave, agasalhado, cambaleante, com uma garrafa na mão, o bebum negro cantava a plenos pulmões: "*I'm dreaming of a white Christmas, just like the ones I used to know...*" e por aí ia. O homem sonhava com um Natal branco e o tinha encontrado, mesmo se fora de época. Quando um providencial carro salvador da polícia passou e o levou para algum abrigo quente, uns cinco minutos depois, minha noite tinha virado um pouco mais doce, um tanto mais humana, seguramente mais aquecida pelo resto das horas de sono que me restavam.

O *Globo*
1º de janeiro de 1994

Ritos da primavera

Ilusória como os amores, tal como eles carregada de promessas, surpresas e ritos, a primavera está de volta a Manhattan — mais ansiosamente esperada e bem-vinda neste ano de baixas temperaturas recordes (menos trinta e dois graus no dia 19 de janeiro), nevascas freqüentes (perdi a conta: vinte e uma ou vinte e duas tempestades?) e um constante, surumbático céu cinza pesando sobre nossas enregeladas cabeças.

O primeiro anúncio veio antes dos indícios da natureza. Indiferente aos tiritantes transeuntes encasacados, desde final de fevereiro as vitrines exibem manequins semidespidos em maiôs, sungas, biquínis, roupas leves (a zona erógena da temporada parece que vai ser a barriga: os umbigos estão de fora na maior parte das calças, saias, blusas). Era sinal artificial e não-confiável.

Os verdadeiros arautos da nova estação são mais modestos, menores e emplumados. Em alguma manhã, retornando sabe-se lá de onde, a algazarra de pardais nos peitoris e galhos ainda cobertos de neve acorda você. Aí, sem mais nem menos, a árvore preta e nua da esquina amanhece com microscópicos brotos verdes. Logo as *forsythias* — primeiras a florescer na primavera — cascateiam suas frágeis flores amarelas sobre os gramados ainda cinza do Central Park. Depois brotam os narcisos, em seguida os *crocuses*, logo depois a gritaria das crianças, finalmente liberadas dos anoraques, luvas e cachecóis, pelos pátios das escolas. Deflagram-se, então, os ritos que se repetem todos os anos.

Começa a temporada de beisebol — aquele obscuro jogo de corre/pára/lança/escorrega que os índios inventaram, os colonizadores adotaram e os japoneses abraçaram com fervor — não apenas nos estádios, transmitido por todas as cadeias de televisão, mas em cada parque, terreno baldio ou fundo de quintal onde caiba alguém com um bastão, outro com a bola, um terceiro com a luvona de couro. É um momento de ligação intensa entre pais, transmitindo os truques e regras que aprenderam de seus pais, e filhos que assim são iniciados nos rituais do mundo masculino. Cabe às mães, talvez como as *squaws* tribais, observar de longe, torcer, limpar os arranhões, cuidar dos ferimentos, e ter sempre pronta uma cesta com sanduíches e garrafa térmica.

Os ritmos da cidade metamorfoseiam-se. Caminha-se mais devagar pelas ruas. Bicicletas e *rollerblades* — aqueles

OUTROS TEMPOS **53**

patins futuristas — voltam a zunir no meio do trânsito. Mesas invadem as calçadas em frente aos cafés e restaurantes, ocupadas por legiões de rostos escondidos por trás de óculos escuros, voltados para o sol.

Famílias inteiras se fartam em piqueniques por Central Park e Jones Beach. Grupos de amigos catam anúncios de casas para alugar no verão. Nos sábados e domingos, de TriBeCa ao Harlem, as *street fairs* surgem por todos os bairros. São a versão ianque de nossos camelódromos, com sua alegre profusão de barraquinhas a vender camisetas, badulaques, antigüidades (neste país jovem, qualquer coisa com mais de dez anos), imitações de grifes mais populares feito Gap, Polo e Boss, comidas típicas da Tailândia, do México, da França.

Os teatros estréiam peças novas, os museus abrem suas exposições importantes, os habitantes de Manhattan finalmente escancaram suas janelas após meses encarcerados em pequenos apartamentos, constantemente ressecados pela calefação que ataca olhos/ouvidos/garganta & a santa paciência. Tudo é envolvido por um clima de festa e celebração.

Ou quase.

Porque mudança de estação também traz a dança dos armários: arrebanhar toda a volumosa rouparia do inverno (suéteres, sobretudos, cobertores); guardá-la devidamente protegida contra traças e mofo; botar para fora as vestimentas mais leves; levar para o tintureiro; depois pendurar e dobrar e engavetar — nos mesmos esquálidos armários onde também habitam o aspirador de pó, os sapatos, as malas, os baldes e vassouras, as toalhas e lençóis e fronhas. Exige um planejamento estratégico tão preciso quanto o lançamento de um foguete espacial.

No meu caso, que estou longe de possuir tais habilidades, ainda inclui carregar tudo que está no andar de baixo para os armários do andar de cima. Ou seja: apesar de minhas boas intenções, já sei que vai acontecer como no ano passado, tal como no anterior e no ano antes daquele. Vou deixando para mais tarde e em pleno verão, com a temperatura lá fora perto dos 40 graus, me vejo desesperado procurando alguma bermuda soterrada sob espicaçantes cachecóis, pulôveres, gorros, ceroulas de lã.

Amaldiçoando os ritos da primavera e torcendo por uma tempestade de neve.

O Globo
16 de abril de 1994

Educação sentimental

Tal como os pássaros e as abelhas, os nova-iorquinos também têm sua estação de acasalamento. E ela já passou. Quem atravessou a primavera sem bons resultados na caça a seu par, agora enfrenta o verão incluído(a) na melancólica estatística: mais de sessenta por cento dos moradores de Manhattan vivem sozinhos. É oficial. E mais real ainda para as mulheres. O censo recente mostrou que, quando voltam para seus apartamentos lá em cima, lá naquele sexto andar, onde ainda se vê luz acesa no meio da madrugada, ou aquela outra janela iluminada no décimo oitavo, ou mais aquela no quadragésimo segundo, ou mesmo na janela que não se vê, de um estúdio modestíssimo no subsolo, voltado para o interior do edifício, cerca de três milhões de mulheres têm a esperá-las apenas o jornal que a correria matinal não deixa tempo para ler, a novela ou seriado de tevê favorito daquela noite da semana, a caixa de comida *light* ou *diet* dentro do congelador. Tal como os vizinhos: homens solteiros, viúvos ou separados. Igualmente solitários.

O que talvez explique o espantoso número de cães e gatos em apartamentos onde mal caberia uma dúzia de livros, mas isso é outra história: a da metrópole onde todos sonham com uma casa com quintal onde seus bichos possam correr livres. Mas não estamos falando de crise imobiliária nem de planejamento urbano. Estamos falando de hormônios, aqui — do incontrolável apelo da natureza borbulhando nas veias, fervendo na pele e fazendo rolar de um lado para o outro no leito tão acolhedor no inverno, porém grande demais para um corpo só quando a temperatura sobe, as roupas somem e cada célula do corpo reivindica, grita, reclama e passa a exigir, em coro com trilhões de outras: "Reproduza! Reproduza! Reproduza!"

Passou a temporada, verdade. Mas a fé não esmoreceu. A luxúria, aparentemente, também não. Quem não fisgou aquela/aquele em que plantará ou colherá sua semente (ou pelo menos com quem dividiria sua inquietude carnal) ainda tem metade de julho, agosto e setembro inteiros para derradeiras tentativas antes da chegada do outono — época de colheita, introspecção e pudicícia.

A estratégia, contudo, muda. A mera exposição da nova plumagem, ou do bronzeado (real ou via química, através dos muitos *self tanners* que nesta época abundam nas prateleiras das farmácias e lojas de cosméticos) no corpo arduamente trabalhado em academias nos meses de inverno não basta para atrair o macho ou a fêmea da espécie, como mostra a intensa sabedoria adquirida a partir do terceiro vodca-martíni no bar do mais novo hotel da moda, onde todos os que são *cool* parecem se conhecer desde os tempos do *kindergarten*. Menos ele, ali segurando o copo de uísque como se fosse uma bóia após o naufrágio. Menos ela, na mão um cigarro apagado que ninguém se oferece para acender.

Onde curvas, músculos, lábia ou charme não conseguiram nenhuma presa, entra o trabalho racional e metódico da perseguição à caça através de cursos. Isso mesmo, cursos.

Ineptos, ou povo de pouca sorte, recorrem ao Discovery Center, capaz de fazer florescer o mais diversificado potencial, ou assim promete, sobre os terrenos mais áridos. Tem cursos de canoagem (atrai os tipos esportivos); como parar de fumar (uma exigência social que pode reintegrar os párias na terra da saúde-a-qualquer-preço); como perder peso (no país que tem mais obesos no planeta); como desenvolver a memória (jamais esquecerá um número de telefone, um nome, um rosto visto/dito de relance); como produzir filmes (não é na indústria do entretenimento que estão os melhores salários e os/as modelos e atores mais sexies). Mas não é por aí, não apenas, não sempre por esses rios da instrução e treinamento que navega o apelo do tal centro de autodescoberta.

Praticando ao vivo, tímidos aprendem a circular por festas, a abordar pessoas e iniciar bate-papos nos cursos "*Party Meet*". A reunião de solteiros(as) e franco-atiradores(as), anunciada como "a noite que pode mudar sua vida amorosa", dura três horas e custa vinte e três dólares. Cinco drinques sozinho(a), encurralado(a) em um balcão de bar, rodeado(a) por desconhecidos e sem a ajuda de um instrutor custariam a mesma coisa

Bares, aliás, não são boas arenas para o acasalamento. Específico para damas, "Como encontrar seu *mensch* (homem, em iídiche) em Nova York" mostra trabalho voluntário, ioga, espiritualismo e teatro como as melhores portas para "um mundo onde você se divertirá enquanto continua a busca". Para saber quais são as outras portas, a taxa é de vinte e cinco dólares. Mais abrangente, "50 maneiras de encontrar seu amante" ajuda ambos os sexos a descobrir "pessoas qualificadas, que partilham interesses como os seus" por vinte e nove dólares.

Regras, guia de comportamento e dicas úteis para o sucesso com aquele alguém especial estão em "Como flertar, namorar e encontrar seu par" (vinte e nove dólares, mais sete por livro e fita cassete para repassar em casa). "O segredo do carisma" — definido como "aquilo que ilumina a personalidade como um anúncio em néon e seduz multidões de seguidores apaixonados" — pode ser dominado por trinta e cinco dólares. Por vinte e nove verdinhas, "Esperteza no amor" irá transformá-lo(a) em ímã sexual, garantir vitória sobre a timidez e ensinar a decodificação de sinais sexuais. Para quem tem ânsias ou frustrações específicas, localizadas abaixo da cintura, existe "Como obter o sexo maravilhoso que deseja" (vinte e tres dólares), um curso em que a terapeuta sexual Ellie Brager utiliza fitas de vídeo para enriquecer sua vida amorosa, maximizar a habilidade para orgasmos e fazer uso divertido de preservativos. Vídeos avulsos ajudam aos duros de aprendizado: "Segredos do fazer amor" (trinta e cinco dólares); "101 maneiras de excitar seu amante" (mesmo preço: trinta e cinco dólares); "Namorar depois dos 40" (vinte e cinco dólares); "Como reacender seu poder sexual" (trinta e cinco dólares); e "Como se despir para o seu homem" (trinta dólares).

Falhando tudo isso resta o ocultismo. "Lendo o tarô" sai por quarenta e cinco dólares, "Desenvolva sua intuição", por vinte e nove. Que tal buscar a raiz das noites vazias em traumas acontecidos lá atrás e tentar vencê-los? Muito lá atrás, por sinal. "Descubra suas vidas passadas" (vinte e nove dólares) tem Leslie Austin e Margareth Haas percorrendo os qüiproquós de existências anteriores e explorando "as excitantes possibilidades que essa revisão oferece". Para quem quiser ir mais fundo, a dupla oferece ainda sua "Terapia da reencarnação" pelo telefone 807-1286, anunciada como "ferramenta poderosa para compreender e mudar sua vida atual".

Fé incansável, em outras palavras.

(inédita)

DIAS DE CÃO. E GATO

Verão é aquela época do ano com a qual se sonha no inverno e que se amaldiçoa a partir do terceiro dia de suor constante. Pode ser uma delícia em Búzios, Mikonos, nos Hamptons, em Fiji ou na Riviera, onde se está sem roupa no corpo e sem nada na cabeça. Mas aqui em Nova York, sitiado por trás de muralhas de concreto que bloqueiam qualquer brisa invasora — os mesmos altíssimos prédios traiçoeiros através dos quais, de novembro a abril, zuniram gelados ventos árticos —, é o inferno na terra.

O calor de Manhattan é úmido, grudento, sufocante e repleto de turistas obesas, as grossas pernas estranguladas em bermudas turquesa, rosa e roxo, com tênis da mesma cor e meias soquetes terminadas em babados de renda ou de crochê. Deve ser moda em Minnesota ou Wyoming, imagino. Andam aos bandos, muito louras e engomadas e averme-

62 EDNEY SILVESTRE

lhadas pelo sol, dando risinhos e olhando para nós, os habitantes desta ilha exótica, como se estivessem excursionando por uma casa de má reputação.

Breguice, reconheça-se, não é privilégio estival destas espantadas senhoras do Meio-Oeste americano. Por algum inexplicável consenso geral, aquelas mulheres e homens tão elegantes e atraentes em seus casacos de tweed e suéteres de lã nas outras estações rolam o barranco quando chega o verão.

É um tal de tamanco e sandália com meia de náilon preta, uns vestidos soltos e disformes que minha desbocada tia Balbina chamava de maria-mijona, short com *bate-búte* (*boys & girls*, indistintamente) e uma extensa, constrangedora, onipresente exposição de flácidas retaguardas e gelatinosas coxas alvacentas. Já que a moda deste verão é mostrar o umbigo, vários deles circulam sob miniblusas e camisetas curtas. Como nem todos têm abdômen de Jane Fonda nos tempos de *Barbarella*, ou podem passar quatro horas por dia, sete vezes por semana, numa academia de ginástica como faz Jean Claude van Damme, alguns resultados são de embrulhar o estômago.

O estilo camponesa — lenço na cabeça, amarrado atrás da nuca — foi adotado pelos rapazes em geral e pelos de preferências particulares em especial. Mas não é o único ornamento craniano da estação. Lembra aqueles chapéus que pareciam pequenos guarda-chuvas listados, presos à testa por um círculo de elástico, usados pelos vendedores de mate e limãozinho nas praias do Rio de Janeiro alguns anos atrás? Pois emergiram por aqui, sombreando cabeças genuinamente ianques. Reconheço a praticidade, mas confesso estar sempre esperando que uma delas grite: "Naaaturaaal! Sanduíche naaatural!"

Pegar o metrô é como mergulhar num caldeirão de sopa fervente, seguido de imersão num fiorde. As estações — todas subterrâneas — não têm ar-condicionado (ao contrário das do Rio), o que significa uma temperatura sempre no mínimo dez graus acima da que estiver na superfície. Ou seja, quarenta e cinco a cinquenta graus. Os vagões dos trens, por outro lado, não só o possuem como dispõem de termostato que os mantêm entre os dezoito e os vinte graus centígrados. Escalda-se nas plataformas, tirita-se nos carros. Não é à toa que esta é a época dos resfriados, tosses, bronquites, inflamações de garganta e grandes vendas de antigripais e anti-histamínicos. Também é a mais difícil temporada para outra larga parcela da população nova-iorquina, insuspeitada vítima das agruras do estio.

É no verão que acontece a *high-rise cat syndrome*, a aparentemente misteriosa síndrome que faz gatos (e cachorros) saltarem de andares altos em vôos suicidas. Sem mais nem menos, o animal fica indócil e, quando menos se espera, eis o porteiro tocando a campainha e avisando: "Acho melhor o senhor descer e ver se reconhece um mingau com coleira que acabou de aterrisar no pátio."

Cães neuróticos? Bichanos histéricos? Existem, mas não parece ser esse o caso. Segundo estudos recentes (como vê,

64 EDNEY SILVESTRE

tudo se analisa por aqui), a história de seus saltos (quase sempre) mortais não é bem assim: angorás e buldogues seriam vítimas de situações mais simplórias. Às vezes é um passarinho que entra pela janela, levando o gato a instintivamente saltar em sua direção. Ou a explosão de um motor de arranque, que estremece os nervos do cachorro. Ou mesmo curiosidade de um ou outro, chegando ao peitoril para olhar a vida lá fora — tal como fazem as criaturas bípedes. Bichos fazem isso no mundo inteiro. Só que, em Nova York, eles não estão no andar térreo.

Os pulos dos gatos seriam mais felizes que os dos cachorros. Estes raramente escapam, aqueles têm chance (não me venham falar em sete vidas, por favor) quando saltam de andares mais altos. Por quê? Ainda segundo o tal estudo dos veterinários da Universidade de Nova York, um gato atinge a "velocidade terminal" de 120 quilômetros por hora a partir do quinto andar; do nono em diante, consegue colocar-se numa posição que, sabe-se lá por que caprichos da natureza (está bem, pode falar em sete vidas), suaviza o impacto do, chamemos assim, pouso. Felinos, portanto, estão mais seguros no vigésimo nono andar do que no sexto. Cães e seus parceiros humanos, só mesmo trancados, com o ar-condicionado ligado e um terço na mão, orando pela chegada do outono.

O *Globo*
23 de julho de 1994

O ESTILO NOSSO DE CADA DIA

Não sei o que significa, mas foi o que vi na rua 10, no tranqüilo quarteirão entre as ruas Greenwich e Hudson, sob o sol estival das duas da tarde: um sujeito de barba, camisa pólo, pasta de executivo, jeans e sapatos pretos de salto alto. Eu disse salto alto. Sete e meio, para ser mais exato. E não pensem que era uma criatura de andar leve, como delicado manequim a ondular por passarela. Nada disso. Caminhava firme, resoluto como quem vai ao encontro de executivos de Wall Street. Passei por ele com aquela (adquirida por imitação) atitude nova-iorquina blasé de quem tudo viu, tudo sabe, tudo escutou & nada mais pode surpreender. Dois passos depois, minha alma verdadeira — roceira, deslumbrada, burguesa — tomou meu corpo de volta. Virei e, finalmente sincero e boquiaberto, vi o cavalheiro virar a esquina da Hudson e sumir. Ninguém, além de mim, pareceu notar o inusitado da situação.

Não faz muito tempo, dentro de um ônibus (deliciosamente refrigerado) que descia a Sétima Avenida, fiquei de pé ao lado de uma senhora de cabelos brancos, possivelmente octogenária, com aquele ar de santa inglesa que nos acostumamos a ver nas fotos de Agatha Christie. Vestia um *tailleur* cinza de aspecto conservador sobre uma austera blusa branca. Muito ereta, apoiava as duas mãos enluvadas no cabo da sombrinha azul-marinho. Mantinha-se absolutamente imóvel, olhando fixo para a frente. A única coisa que se movia era uma tiara de plástico vermelho que tinha na cabeça, ornada com imitações de morangos, uvas, flores inidentificáveis, abelhas, estrelinhas prateadas e, bem no centro, uma meia-lua coberta de purpurina dourada. Até a hora em que saltei no meu ponto não consegui tirar o olho daquela — imagino — homenagem/celebração ao frenesi do despertar da vida na primavera-verão após os longos e silenciosos meses de inverno.

Talvez tudo o que a senhora quisesse fosse prender os cabelos e, desatenta, pegou o arco com o qual a netinha brinca de fada. Pode ser que o cavalheiro de salto sete e meio pretendesse provar que sua virilidade não depende do calçado que usa. Mas é bastante provável que não se tratasse de nada disso. Seriam apenas *fashion statements* típicos de Nova York, daqueles que expressamente desdizem a tirania da moda e reafirmam o poder do indivíduo sobre as convenções. Tampouco me surpreenderia se mesmo estas hipóteses fossem inteiramente enganosas e as duas cenas que testemunhei estabelecessem apenas o óbvio deste caldeirão libertário: uso o que eu quero, e por que não?

Dou de cara com essas evidências por toda a parte da ilha, nas horas mais diversas, não importa a estação. Uma das visões mais encantadoras que já tive aqui, acontecida na porta da Barneys — possivelmente a loja de departamentos mais verdadeiramente chique do mundo em sua simplicidade — foi a de uma bela mulher jovem flanando em frente às vitrines, de short e colete de couro pretos, uma cartola na cabeça, bengala marcando os passos distraídos — em botas militares, igualmente pretas.

Não é incomum, na chegada da primavera, cruzar com senhoras caretas e moças vanguardistas portando amplos chapéus ornados de flores. Cinqüentenárias, sexagenárias e septuagenárias damas muito dignas circulam diariamente pelo Upper West Side com suas roupitas roxas, rosas, abóboras. Curtos saiotes pregueados, quase sempre com estampa em xadrez vermelho e preto, vêm exibindo pernas masculinas faz tempo; rapazes musculosos as usam com peito nu, aqueles menos abençoados pelos genes com camisetas ou camisa social. Cada um faz a produção que lhe vem à cabeça. Como sempre, parece que só mesmo eu, provinciano, é que me embasbaco e reparo.

Betty Lago, que entende de moda como ninguém, viveu em Paris tempo suficiente para saber o quanto de paróquia interiorana tem a capital francesa e conhece os labirintos de Manhattan melhor que seu prefeito, definiu — de forma peremptória, como é seu jeito — a peculiar *street fashion* nova-iorquina: "Aqui vale tudo."

Realmente. Como pude comprovar ao entrar no meu prédio, no começo desta semana. Meu porteiro, o *señor* Cordova (45 anos, um casal de filhos pós-adolescentes, oitenta quilos — a maior parte acumulados em torno da cintura — em um metro e cinqüenta e oito de altura), pintava o saguão de entrada exibindo uma de suas originais combinações estéticas. Vestia um curto macacão jeans, camiseta branca, sandálias de surfista. Ornando a testa e, presumo, evitando que o suor entrasse nos olhos, uma bandana. De lamê. Dourado.

O Globo
6 de agosto de 1994

A BARCA DA FORTUNA

Existe um calçadão no bairro de Brooklyn, chamado Promenade, debruçado sobre o trecho em que o rio Leste encontra-se com o rio Hudson, de onde se tem uma vista magnífica da ponta sul da ilha de Manhattan: os arranha-céus envidraçados, coloridos, acumulam-se entre as ruas estreitas, as primeiras abertas pelos colonizadores europeus, como se fossem torres de cristal de um conto de fadas futurista.

O escritor Norman Mailer, que mora em Brooklyn Heights, num prédio de quatro andares com janelões debruçados sobre este calçadão, diz que é o panorama mais definitivo do poder e da riqueza do capitalismo americano. Norman Mailer é nova-iorquino, conhece muito bem a cidade em que nasceu, brigou, tomou porres e casou-se inúmeras vezes, em que escreveu dezenas de livros, milhares de artigos, criou um jornal alternativo chamado *Village Voice*, chegou até a ser candidato a prefeito, e portanto tem uma opinião que deve ser respeitada. Mas eu discordo.

A visão mais completa, espetacular, quase esmagadora dos arranha-céus construídos de norte a sul da ilha pela dinheirama sem limites dos ianques, tem-se mesmo, é a bordo da barca que faz a ligação entre Manhattan e Staten Island, passando junto à Estátua da Liberdade. Dura vinte e cinco minutos, custou 50 cents na época em que foi mais caro, hoje é grátis. O passeio — o programa mais barato de Nova York — ironicamente criou uma das maiores fortunas do mundo. É uma história de capitalismo no que existe de mais engenhoso.

Em 1810, um garoto, na verdade um adolescente, um rapazola de dezesseis anos chamado Cornelius Vanderbilt, depois de bater inutilmente em muitas portas, finalmente conseguiu alguém que lhe emprestasse a então fabulosa quantia de cem dólares. Era o quanto precisava para comprar um pequeno barco a vela, capaz de transportar até vinte passageiros. Estava criado o primeiro serviço de transporte regular entre o remoto bairro de Staten Island, habitado majoritariamente por agricultores, que podiam, assim, atravessar o rio Hudson e vender suas cenouras, repolhos, milhos e alfaces na cidade de Manhattan.

A travessia levava duas horas. Quando tinha vento. Caso contrário o jovem Cornelius tinha mesmo é que remar. O que o ajudou a desenvolver músculos, resistência pulmonar e uma absoluta ojeriza pelos caprichos da natureza — que o acompanhou até o último de seus dias.

Trabalhando de sol a sol, e mesmo em horários noturnos

OUTROS TEMPOS **71**

até quando seu corpo agüentava, em pouco mais de um ano ele pagou o empréstimo daqueles cem dólares. Depois comprou outro barco, e mais outro, e outro mais. Acabou por se livrar das oscilações e instabilidades meteorológicas quando finalmente adquiriu o primeiro barco a vapor. Na época, por volta de 1830, já se mudara da zona rural para o Lower East Side em Manhattan. E estendeu o serviço a outras áreas de Nova York, que ainda não estava ligada ao continente por nenhuma ponte (a primeira grande delas, a de Brooklyn, só iria ser inaugurada meio século depois, em maio de 1883).

Logo, com a amplitude de alcance e segurança de outros barcos a vapor, Cornelius passou a oferecer transporte da cidade de Nova York até a capital do Estado, Albany, subindo o rio Hudson. Para destruir os concorrentes oferecia passagens muito mais baratas. Alguns invernos e verões depois, em 1846, tornara-se um milionário, dono da maior frota de barcos a vapor do mundo.

Não bastou para Cornelius. Já passado dos cinqüenta anos, decidiu investir — pesadamente — em estradas de ferro. Como fizera com outros donos de frota fluvial, aqui também enfrentou a concorrência com o poder dos centavos: criou a linha mais barata entre Nova York e São Francisco, no momento em que acontecia a corrida do ouro na Califórnia. Nunca esperou pelo poder público: a primeira estação de trens a ganhar o nome de Grand Central em Manhattan foi construída por ele. Não era nem tão grande nem tão central assim. Ficava na rua 42, quase o fim do mundo naquela época, 1871. Tinha sido tão

72 EDNEY SILVESTRE

mal planejada que os trens só podiam sair de ré. Cornelius resolveu o problema cavando túneis, por onde os trens passaram a circular até chegar à rua 96.

Trens a vapor, vale lembrar. Se eram incômodos para os passageiros, mais ainda para os moradores das avenidas e ruas próximas. Em 1889 a prefeitura deu um ultimato: ou Cornelius eletrificava as linhas ou os trens seriam proibidos de circular no perímetro urbano. Mister Vanderbilt não só cedeu à pressão como ainda financiou a construção da Grand Central Station que existe até hoje, inaugurada em 1902. A estátua do magnata está lá, do lado de fora, bem de frente para o lado sul da Park Avenue.

A paixão que tinha por dinheiro só era comparável à que sentia pela carne. Feminina, isto é. A idade não diminuiu o ardor por nenhuma das duas. Aos setenta anos estava adquirindo três ferroviárias falidas, que imediatamente transformou nas mais lucrativas de seu império. Ao se casar pela última vez tinha setenta e cinco anos. A noiva, trinta.

Morreu feliz, aos oitenta e três, nos braços de Mrs. Vanderbilt. Deixou os herdeiros (Gloria Vanderbilt é tataraneta dele) mais felizes ainda: com uma herança de cento e cinco milhões de dólares. Uma fortuna que começou com os cem dólares emprestados por uma pessoa ainda mais ambiciosa do que Cornelius. E que cobrou noventa dólares de juros. A mãe dele.

(inédita)

O NASCIMENTO DE VÊNUS

Quem não tem nervos fortes é melhor parar de ler por aqui mesmo. Porque a história que vou contar detalha como o parrudo ex-beque de futebol americano Martin Rothblatt — sobre quem eu já falara em "O fim de Michael"* embora a discrição tenha me obrigado a usar um nome de guerra para este bem-sucedido e mulherengo executivo de Washington — transformou-se na alta e elegante senhora Martine Rothblatt.

Na época, a metamorfose a caminho era segredo partilhado apenas por sua mulher, filhos e (espantadíssimos) amigos mais próximos. Foi na casa de um destes que o conheci, numa faustosa festa de réveillon, entre quilos de caviar e litros de champanhe, sem perceber nada de inusitado. Ali,

---

*Em *Dias de cachorro louco* — Editora Record, 1995.

Martin era apenas mais um americano pálido e grandalhão no meio de vários outros. Se alguém chamava atenção no casal era sua esposa Bina, uma esguia e belíssima negra de Nova Orleans, dona de um longo par de pernas ao estilo de Marlene Dietrich ou Cyd Charisse. Com ela Martin teve quatro filhos. Do casamento anterior foi pai de um menino, hoje em idade de entrar para a faculdade.

Martin está escrevendo um livro sobre sua vida, no qual contará como tornou-se um dos maiores especialistas americanos em comunicação por satélites e fez fortuna, sempre enrustindo o sentimento que o acompanhava desde a adolescência em Los Angeles: "Sou uma mulher, presa dentro de um corpo de homem."

Para complicar mais ainda o problema de identidade, Martin gostava de mulher. E as conquistava não só com seu físico impressionante, como com a mesma brilhante conversa que foi usando para abrir caminho no agressivo e competitivo mundo masculino dos negócios (alguns altos funcionários da Embratel chegaram a conhecê-lo). Mas era infeliz. Até o dia em que, reconhecendo-se como transexual e lésbica, resolveu ir fundo no que pedia seu coração. Bina deu toda força e apoio. Os filhos, também.

Como sua história vai tornar-se pública, não estou mais obrigado a omitir nomes ou sobrenomes, nem manter o segredo que jurei. E aí entra aquele detalhe aterrador para qualquer homem, ou para um bom número pelo menos, e que Martin abandonou em uma mesa de operação em dezembro

OUTROS TEMPOS **75**

passado. Como é? De que maneira acontece? Dói? Faz falta? As respostas dão a sensação de uma caminhada descalço sobre fio de navalha, mas vou relatar assim mesmo. Você ainda está aí? Continua lendo? Pois este é o último aviso. Depois não vá dizer que não preveni.

A operação é chamada "neocolporrafia". Dura duas horas e meia. Ao contrário da crença popular, o pênis não é cortado fora, mas esvaziado. Ou seja, retiram dele todo o tecido esponjoso. Depois, como o dedo de uma luva de borracha virado ao avesso, a pele que sobrou é introduzida numa cavidade formada pela separação dos músculos do baixo-ventre. O saco escrotal, também esvaziado, é usado para criar a lábia vaginal e parte da pele do pênis pode ser esculpida para funcionar como um clitóris. Como as terminações nervosas foram mantidas, a pessoa não perde a sensibilidade. Na teoria, pelo menos. Martin pagou onze mil dólares por esta intervenção cirúrgica nos Estados Unidos.

Martine Rothblatt garante não sentir a menor falta de seus antigos apêndices masculinos. Bina Rothblatt tampouco. Os filhos ainda chamam a nova Sra. Rothblatt de papai, mas ela não liga. Na Worldspace, uma das firmas que possui, seu lugar à cabeceira da mesa de reuniões continua o mesmo. Alguns clientes estranham a radical mudança, mas em nada afetou o lucrativo *business*. Que entre outros, no momento, ensaia um projeto com países africanos no valor de cento e trinta milhões de dólares. Talvez ainda seja cedo para concluir, mas depois de Hillary Clinton, Martine deve ser a mulher mais poderosa do país.

E bem mais feliz. Afinal, não tem nenhum problema com aventuras extraconjugais do marido.

O Globo
11 de junho de 1994

O RÉU & EU

Conheci O.J. Simpson em Roma, há mais de quinze anos, na seção de capas da Gucci. Só vim a reencontrá-lo no verão de 1991, numa festa na mansão de John Schlesinger, em Beverly Hills. Soa chique? Puro engano. Não sou freguês da Guggi nem conhecia o diretor de *Perdidos na noite*. O comprador da capa nova era o empresário Ricardo Ramalho, então marido da colunista Ana Maria Ramalho, a quem minha sempre amiga Regina Lago e eu acompanhávamos em solidariedade. Explorando o mezanino, dei de cara com Simpson, a quem cumprimentei com sincera intimidade, pois que achei ser um conhecido de Nova York. E era. Só que da televisão. Antes que tivesse tempo de me explicar, terminei com um autógrafo nas mãos.

À tal festa, cheguei levado por um rico amigo (este sim um dos cento e tantos convidados) e estava sendo apresen-

78 EDNEY SILVESTRE

tado a Schlesinger quando o poderoso Barry Diller — amigo de ambos — surgiu, acompanhado de uma senhora que me pareceu Diana von Furstenberg. Os dois imediatamente esqueceram-se de mim e voltaram-se para o *tycoon*. Perdido na ante-sala da mansão, peguei o primeiro drinque que apareceu e comecei a rodar entre rostos famosos, quase isso ou anônimos, buscando onde me ancorar e tentando parecer à vontade quando esbarrei em Simpson, derrubando champanhe na manga de seu blazer. Entre encabulamento e desculpas, sem saber o que dizer, tive a má idéia de lembrar-lhe que já nos havíamos conhecido na Itália e mencionar as circunstâncias. Simpson, claro, mentiu que se lembrava.

Esqueci completamente o episódio, que, afinal, se passou na mesma noite em que conheci Cherryl (a filha de Lana Turner), Jason (o filho de Barbra Streisand e Elliot Gould), Thiery Mugler, Jon Voight, Silvia Miles — sim, era esse tipo de noite, perfeita para quem gosta de citar nomes de celebridades — para só voltar a me lembrar em meio à tonelada de lixo envolvendo o réu de um crime hediondo. O que eu recordava dele é que fora extremamente simpático, com um sorriso agradável e jeito de herói. Em Roma ainda era um exatleta, tentando a sobrevida numa carreira de ator. De lá até a segunda e última vez que o vi, transformara-se numa celebridade, mais conhecida pelo passado como jogador de futebol americano e garoto-propaganda da Hertz do que ele pelos filmes que fez. Havia uma loura a seu lado, mas não saberia dizer se era a mulher que ele hoje está sendo acusado de ter

OUTROS TEMPOS 79

assassinado ou alguma das muitas modelos que conquistava com seu físico e sua sempre generosa carteira recheada.

Pois apesar de tê-lo visto apenas este par de vezes, mesmo me recusando a entrar na obsessão que parece ter tomado conta da imprensa e do público americano, ainda que evite ler/ver/ouvir as matérias sobre o duplo assassinato, só de correr os olhos pelas manchetes e surfar pelos canais de televisão tornei-me íntimo e hoje conheço melhor a vida de O.J. Simpson do que a de vários conhecidos de longa data. A crer nos relatos publicados, ela foi um turbilhão de sexo, violência, sucesso e cocaína — cada elemento em tal quantidade que é um milagre ele ainda estar vivo. Até a mais absurda das histórias provou ser verdadeira: seu pai, Jimmy Lee Simpson, era um travesti que morreu de Aids.

A coisa não vai parar por aqui. Não apenas porque os tablóides e jornais continuam vendendo e as tevês obtendo boa audiência, mas porque a história está se provando uma das mais lucrativas em outros campos, também.

O carro em que (talvez) tentou fugir — ou visitar a mãe, segundo sua defesa — por exemplo: o Ford Bronco experimentou um aumento de vendas de trinta por cento. A modelo Paula Barbieri, sua até então desconhecida namorada, levou uma pequena fortuna em valores não divulgados para aparecer pelada nas páginas da *Playboy* e um bom papel num filme de ação. Nada menos que três livros sobre o crime e a vida de O.J. estão à venda, inclusive em supermercados. A Fox Television rodou um filme (a Ford deve ter delirado com o título: *White Bronco*) que planeja levar ao ar assim que o julgamento terminar. Armaram linhas especiais de telefone de piadas, outra solicitando pistas "para localizar o assassino que fugiu" (oferecem um milhão de dólares de recompensa), várias de debates via computador. Não há humorista que não faça de mais este macabro capítulo da vida *Made in USA* motivo de riso em seus shows, uma história em quadrinhos apareceu nas páginas de algumas publicações, mais álbum de figurinhas, mais camisetas com dizeres pró e contra, mais Oliver Stone mostrando cenas da caça ao automóvel em seu recém-lançado *Assassinos por natureza* e até o câmera que rodou a perseguição a bordo de um helicóptero lançou seu próprio vídeo, *The chase*, sucesso de vendas na Inglaterra.

O segundo capítulo, o julgamento, começa daqui a três semanas. Quando terminar, com O.J. — culpado ou não — muito provavelmente inocentado, terá enriquecido muita gente e feito do réu o mais novo e fotogênico mártir das trapaças brancas. Spike Lee, aposto, já deve estar escrevendo o roteiro.

O Globo
3 de setembro de 1994

O CORAÇÃO É UM
CAÇADOR INCANSÁVEL

Estranhos caminhos toma o amor. Dwight Simms conheceu Virginia Robinson na época da faculdade, quando estudava jornalismo em Princeton e ela cursava literatura em Vassar. Saíram juntos algumas vezes, foram a bailes, jantaram, fizeram piqueniques com outros casais amigos, trocaram informações sobre autores favoritos. Ele a achava inteligente e encantadora, os conhecidos acreditavam que era namoro firme, mas Dwight navegava sem amarras. Compromisso era coisa que sequer passava pela sua cabeça, amor era uma forma primitiva de afeto, mais própria de simplórias comunidades rurais que necessitam de justificativas para iniciar rituais de reprodução do que de mentes sofisticadas com planos para ganhar o mundo.

Os dele começavam com uma cabeça-de-ponte como repórter, seguido de conquista de terreno como correspondente

82 EDNEY SILVESTRE

em alguma capital européia, fechando com retorno vitorioso num posto de editor, no qual envelheceria com dignidade e poder.

À volta de Dwight e Virginia o espírito do século fervilhava. A Primeira Guerra Mundial tinha acabado, os rádios e as vitrolas tocavam uma agitada música chamada charleston, o ex-estudante de Princeton Francis Scott Fitzgerald fazia sucesso com seu primeiro livro, *Este lado do paraíso*, inspirado em episódios acontecidos ali. Nas telas do cinema os filmes exibiam o fascínio silencioso de Theda Bara & Rodolfo Valentino, ruas e estradas eram invadidas pelo automóvel, os campos e as fábricas do país deles produziam como jamais nenhuma outra nação do mundo o fizera, a Bolsa de Valores inchava com investimentos que traziam lucrativos dividendos.

Com tanto encanto à espera, Dwight nem percebeu quando Virginia começou a namorar Malcolm Haven, com quem acabaria por se casar. Ele próprio, em 1928, desposaria a doce Elaine, que logo viraria mãe de seus três filhos e se mostraria uma companheira gentil, cordata, tranqüilizadora.

O mundo não seguiu o percurso de progresso e paz que parecia tão certo visto por trás das salas de aula. Houve o *crack* da bolsa, um homem de bigode e atitudes ridículas quase destruiu o planeta, uma bomba hecatômbica foi pendurada sobre todas as cabeças, um presidente americano e depois seu irmão foram assassinados diante das câmeras desse novo invento chamado televisão, algumas esperanças naufragaram, outras sobreviveram e empurravam Dwight para fora da cama a cada manhã.

Se sua carreira não percorreu exatamente os caminhos que mapeara, as trilhas foram quase sempre generosas até sua aposentadoria como presidente da associação de editores da região onde vivia. Quando se mudou para a Flórida era um homem bem-sucedido. Ali, após sessenta e três anos de casamento, Elaine faleceu em 1992. Aos oitenta e nove anos, Dwight ficou só e assim acreditava que terminaria seus dias. Até receber o jornal dos ex-alunos de Princeton, ano passado [1993].

Ali ele descobriu que seu colega Malcom tinha falecido. Imediatamente dirigiu-se à escrivaninha e escreveu um cartão de pêsames à viúva. Sem lógica, acrescentou um P.S. para Mrs. Haven, lembrando que tinham saído juntos em Vassar. Já fechara o envelope quando abriu-o novamente e adicionou a frase: "Gostaria de vê-la novamente." Alguns dias depois telefonava para ela. Breve passaram a conversar com assiduidade, ele em Sarasota, ela em Charleston, na Carolina do Sul. Em junho deste ano Virginia o convidou a ir visitá-la no dia em que comemorava 90 anos. Dwight foi. E voou para lá outras vezes. Quatro sábados atrás, dia 1º de outubro, diante de filhos e netos e bisnetos, os dois se casaram.

Um dos bisnetos de Dwight achou a coisa toda exótica. Houve, claro, quem tomasse a decisão do casal nonagenário como mera atitude de duas cabeças brancas não muito bem aparafusadas sobre os pescoços. Dwight e Virginia, porém,

84 EDNEY SILVESTRE

estão seguros de que fizeram a coisa certa, e felizes com a oportunidade de recomeçar o que haviam interrompido há mais de setenta anos. São realistas. Sabem que não terão muito tempo, mas não pensam nisso. Acham que seja quanto for, será um período de afeto bom, dedicado e pacífico. Tampouco têm grandes expectativas. Mas confiam que o outro estará ao lado, segurando a mão, na hora do derradeiro adeus.

O Globo
22 de outubro de 1994

Senhores do universo & do rock and roll

A Fortunoff, uma loja da Quinta Avenida para os muito, muuuuuito ricos, está vendendo sua versão de relógios com a figura do Mickey Mouse. É de ouro (catorze quilates), com pulseira de crocodilo, mostrador de madrepérola e números em safira. Os preços começam — está pronto para ouvir? — em mil e duzentos dólares. Quantos salários mínimos dá? Uns dez? Doze? Não sei se os modelos — apenas oitocentos, numerados — foram criados para os muuuuuito ricos nostálgicos de suas infâncias, se para aqueles com senso de humor tão generoso quanto suas contas bancárias, ou pensando em virar presente para privilegiados rebentos. Mas confesso minha perplexidade.

Não devia.

Nesta cidade de excessos, tudo é possível. Também, evi-

86 EDNEY SILVESTRE

dentemente, não é da minha conta a fogueira que nababos façam com seus sacos de dinheiro. Suas senhoras torram quantias muito mais pesadas nas vizinhas Bulgari, Tiffany's ou Cartier, e ainda terminam aplaudidas em listas de elegância ao exibi-las em seus colos anoréxicos (aqui) ou obesos (aí).

Na verdade é um absurdo menor, entre tantas imodéstias que se permitem os senhores do universo, como um dia os chamou Tom Wolfe. Mas esta recente exibição de poder & graça me pareceu um tanto mais frívola — ou inadequada, ou absurda, ou simplesmente uma grande bobagem — diante de duas notícias recentes. Não sei qual a ligação entre elas, mas enuncio porque talvez você seja capaz de chegar ao CQD do teorema.

A primeira: há um outro sistema solar, além do nosso.

Não é mais especulação, visionarismo espiritualista, ou parte de algum obscuro documento supostamente encontrado num túmulo inca ou algum templo tibetano em ruínas. Além, muito além do sol, astrônomos da universidade da Pensilvânia comprovaram a existência não apenas de um outro sol, mas de dois planetas três vezes maiores do que a Terra, e mais um terceiro, com dimensões semelhantes às da Lua. Calculam que fique a sete trilhões de milhas (não me atrevo a calcular o que isso significa em quilômetros) da constelação de Virgem. Do que é composto, se contém outros planetas, se neles há alguma forma de vida e, havendo, se alguma teria qualquer semelhança com as que conhecemos por cá, isso é especulação onde eles sequer pisaram.

OUTROS TEMPOS 87

A outra notícia: dias 13 e 14 de agosto, numa localidade chamada Woodstock, realiza-se um festival de música no qual se apresentarão Crosby, Stills and Nash, Neil Young e... Não, esta não é uma notícia de 1969; por favor, continue lendo: ...e Peter Gabriel, Van Halen, Aerosmith, Guns n' Roses, Nine Inch Nails, Metallica, Alice in Chains, Public Enemy, Rollins Band, Red Hot Chilli Peppers, Cypress Hill e (incerto, ainda) Pearl Jam. Na televisão já há um comercial da Coca-Cola que se refere a este reencontro com o passado: rotundos senhores carecas, portando telefones celulares em que passam ordens para bolsas de valores, sacodem seus barrigões formidáveis ao som de guitarras tocadas por grupos de outros grisalhos senhores que ocupam o palco.

Não sei se estes ou aqueles são o público-alvo dos relógios Mickey de ouro & crocodilo & safira. Tampouco gostaria de imaginar Janis Joplin como perua dourada coberta de Versace. Ou Jimi Hendrix um velhinho priápico, cercado por emplumadas coristas, fazendo shows em cassinos de Las Vegas ou, pior ainda, em Atlantic City. Mas entre o universo de vinte e cinco anos atrás, aquele que talvez se venha a conhecer melhor daqui a vinte e cinco anos, e o dominado pelos fregueses da Fortunoff, fico com a impressão de que alguma coisa se perdeu no meio do caminho.

Ou, quem sabe, está apenas começando a ser encontrada.

O Globo
30 de abril de 1994

Almas em leilão

Sabe aquelas pessoas que afirmam não acreditar em espíritos, reencarnação, cartomantes, astrólogas, videntes ou qualquer coisa que fuja do comportamento racional & lógico — mas que estão sempre se metendo com babalorixás, visitando médiuns, fazendo mapa astral? Já fui um destes. Cheguei a ter coleção de mapas astrais que possivelmente pesava mais de um quilo e meio, estive nos cafundós de dois terços da zona rural carioca fazendo o circuito de terreiros-agora-em-voga, conheci dúzias de senhoras & cavalheiros que viram meu destino no baralho, enchi a paciência de todos os conhecidos que mexem com tarô e nunca, jamais, qualquer previsão se concretizou.

Certa vez fui até Belo Horizonte — isso foi alguns anos antes de eu me mudar para Nova York — após receber o recado de que um amigo (já falecido, naturalmente) queria falar comigo. Foi surpreendente. Quando seu espírito supostamente tomou o corpo do médium, disse coisas absolutamente sem sentido, recordou-se de conversas que nunca tivemos e comportou-se com uma euforia repleta de gargalhadas como jamais o vira dar em vida. Para não desacreditar o "cavalo", decidi que, *post mortem*, meu discreto e doce amigo teria atravessado uma radical mudança de personalidade.

Achei que nunca mais roçaria ombros com o esoterismo ao me mudar para esta capital do cinismo incréu. Puro engano.

Logo no terceiro ou quarto mês conheci um astrólogo, Jeff Geist. Sem maiores rodeios me perguntou data e hora de nascimento. Eram as mesmas dele. Jeff avisou que me preparasse porque uma conjunção de — se me lembro bem — Plutão e Saturno estava começando a me jogar num buraco negro que tornaria minha vida um inferno pelos próximos seis meses. Claro que não acreditei: sou ou não comandante de meu próprio destino? Não fui. Tive os piores seis meses de minha vida adulta.

Jeff não é ave rara por aqui. Conforme fui descobrindo pouco a pouco, esta cidade está cheia de *psychics*, como videntes/médiuns/cartomantes são chamados aqui.

Cá pelo Greenwich Village há vários, com butiques instaladas de frente para a rua, algumas até chiques (esquina de Sétima Avenida com rua Bleecker), outras oferecendo previsões rapidinhas (dois minutos) e baratas (dois dólares), todas aparentemente fazendo bons negócios. Nunca vi ao vivo,

OUTROS TEMPOS 91

mas já soube que pelo subúrbio de Queens há diversas *santerías* (terreiros de macumba à maneira hispânica) e mesmo brasileiríssimos pais e mães-de-santo em atividade. É claro que não poderiam faltar na televisão, existindo mesmo uma *psychic network* comandada por Dionne Warwik (ela mesma, a cantora) e outra por LaToya Jackson (ela mesma, a irmã do vocês-sabem-quem), para as quais se telefona a qualquer hora do dia ou da noite — a maior parte dos programas rola madrugada adentro, boa hora para fisgar insones preocupados — em busca de previsões e conselhos das médiuns de plantão.

Mas isso, evidentemente, é coisa do povão. Os finos, os chiques, os nova-iorquinos *very in and very hip* têm sua própria & exclusiva médium. A deles não é americana, latina, asiática ou africana. Como tudo que lhes parece requintado e os faz babar, a *psychic* dos bacanas de Manhattan é — tal qual Lady Di, Anthony Hopkins, Tina Brown, Nigel Hawthorne, Anna Wintour e Hugh Grant — súdita de sua majestade britânica. Chama-se Rosemary Altea e imagino que o professor Higgins pronunciaria "Rôoz-méee-ry Ahll-tííí-ah". *Very british, indeed.*

Os clientes de Dona Rosemary (Madame Rosemary?) vão da estilista Josie Natori ao ex-presidente da Sotheby's Michael Ainslie, passando por todas as celebérrimas editoras de revistas de moda que navegam por esta ilha de insensatos. Podem até ser um tanto místicos, mas, como ricos que se prezam e nova-iorquinos típicos, são gente prática. O que querem mesmo é fazer mais dinheiro. E Dona Rosemary (Madame

Rosemary?) os satisfaz, invocando a alma de conselheiros financeiros, sócios, familiares e mesmo professores de faculdade que ajudam seus clientes a realizar bons negócios e tomar decisões espertas. Para isso, cobrando duzentos dólares por hora de consulta, incorporada no espírito do índio apache Grey Eagle (Águia Cinza), ela tanto é capaz de sessões pessoais como de colocar o freguês em contato telefônico com os desencarnados. Sim, telefônicos.

Se está duvidando do sucesso dela, deixe que lhe conte o seguinte: l) Dona Rosemary (Madame Rosemary?) virou matéria — cor, duas páginas — da revista *Vanity Fair*; 2) Dona Rosemary (Madame Rosemary?) estará lançando no mês que vem, pela Warner Books, sua autobiografia *The Eagle and the Rose*, pela qual levou a nada desprezível quantia de cento e cinqüenta mil dólares de adiantamento; 3) Dona Rosemary (OK, OK, Madame Rosemary, pronto!) tem quarenta médiuns sob seu comando na Rosemary Altea Association of Healers. E eu, que achava Paulo Coelho a jogada de marketing mais esperta da maré *New Age*.

O *Globo*
25 de fevereiro de 1995

SÍNDROME DE MANHATTAN

Fui convidado para passar uma semana numa estação de ski do Colorado. Bacana, hein? Qualquer um aceitaria sem titubear, certo? Errado. Não eu. Sou daquele tipo que pode passar horas sentado numa poltrona, resolvendo se vai ou não a algum lugar, para descobrir, quando finalmente me decido, que já passou da hora e só me resta bater no peito e clamar *mea maxima culpa*. Verdade que essa história do Colorado ainda está meio nebulosa, dependendo de algumas negociações de passagens e hospedagem, um tanto labirínticas, como tudo que envolve os misteriosos meandros das bocas-livres. Ainda assim, diante da mera possibilidade, minha reação foi tudo aquilo que eu não esperava.

"E se eu quebrar a perna?" — foi a primeira coisa que me atravessou a cabeça. Como irei me movimentar no desce-e-sobe do metrô nova-iorquino, de muletas ou cadeira de rodas? Estando engessado, com os dedões do pé de fora (claro que pintei um retrato completo), como poderei protegê-los do frio quando tiver de sair para uma entrevista, uma compra de última hora no supermercado, sob neve ou chuva? Vou ter de comprar uma bota tamanho 50? De que maneira alguém se protege do frio de menos 15 graus mantendo uma parte do corpo comum e rotunda a outra? Corta as pernas das calças? (Já quebrei os dois tornozelos — de uma só vez, sim, sou esse tipo de estabanado — mas era verão no Rio de Janeiro; comprei uns shorts que serviriam no Jô Soares e resolvi o problema; meu único calvário foi andar nas calçadas cariocas obstruídas pelos automóveis e escapar deles no trânsito.)

Tendo uma das pernas cinco quilos mais pesada que a outra, será possível equilibrar-me nas escorregadias calçadas cobertas de gelo? Dentro do meu próprio apartamento, que é em três níveis: como vou fazer para ir da cozinha à sala (três degraus) ou dela ao quarto (oito degraus, um corrimão tão pouco confiável quanto promessas de fidelidade eterna)? E se houver um terremoto em Manhattan — tem sismólogo que afirma ser possível — e eu tiver de correr para salvar minha vida? Ou um incêndio? Ou um doidaço, daqueles típicos daqui, que pegam um rifle automático e saem atirando em tudo que se move? Especialmente naqueles que se movem com lentidão? Hein? Hein?

Meus receios, evidentemente, não são levados a sério por meus amigos. No máximo fazem aquele olhar de compaixão, tal qual o de psiquiatras sobre seus pacientes enrolados em camisa-de-força. Os mais próximos, que me sabem incorrigível, andam fazendo o que podem. Eric Steinhauser tentou me incentivar lembrando o tesão quase orgásmico de descer zunindo montanha abaixo. Cristina Reis discorreu longa e docemente sobre a limpidez do céu azul sobre as montanhas brancas, o chocolate quente ao lado de lareiras crepitantes, a delícia dos fondues (seguramente nunca tão refinados quanto os dela, que é uma *expert*) em mesas de mornas conversas intermináveis. Mike Mathis, com seu espírito prático de produtor de programas de televisão, simplesmente lembrou: "Nem confirmaram o convite, ainda."

Verdade. Mas, e se confirmarem, eu for para o Colorado e, justamente nessa semana, o David Mamet ligar confirmando a entrevista que venho batalhando desde maio do ano passado? Ou a Oriana Fallaci — que está no mesmo caso, só que me culpa, assim como a todos os brasileiros, pela edição-pirata que alguém fez no Brasil de seu longo, muito longo romance *Inshallah* — me outorgar seu perdão (extensivo a todos meus compatriotas, suponho) e conceder o *nihil obstat*? Ou o Spike Lee, que se recusou a falar comigo ou qualquer outro jornalista branco na época do lançamento de *Malcolm X*, aceitar que os caucasianos não somos todos facínoras e telefonar dizendo: *It's now or never?*

O que eu não estou tendo coragem de confessar — para Mike, Cristina, Eric ou meus próprios botões — é que me viciei em uma coisa que, mais dia menos dia, sempre acaba pe-

96 EDNEY SILVESTRE

gando todos aqueles que residem em Nova York. Tenho a *Stay-put in Manhattan syndrome*. Que pode ser traduzida como "de Manhattan não saio, daqui ninguém me tira". É aquela síndrome que faz alguém abrir o *New York Times* de domingo, ou o *Village Voice* das quartas-feiras, e percorrer avidamente a lista do que vai acontecer na cidade durante a semana, marcando tudo quanto é espetáculo, show, peça, exposição, feira, lançamento de livro, filme, programa de televisão.

No mês de fevereiro, por exemplo, Barishnikov volta a dançar; Al Jarreau, Nancy Wilson, Richie Havens, Placido Domingo, Eartha Kitt, Oleta Adams e até Roger Daltrey estarão cantando em palcos diversos; Eric Bogosian fará temporada curta de seu *one-man show* no Minetta Lane Theatre; o museu Metropolitan inaugura duas exposições, Carpar David Friedrich (atenção, Ricardo Andrade!) e a tão refinada quanto desconhecida pintura dinamarquesa do século XVII; o Museu de Arte Moderna abre sua grande retrospectiva da temporada, dedicada à obra do genial arquiteto Frank Lloyd Wright; no Carnegie Hall o maestro Zubin Mehta estará regendo a Orquestra Sinfônica de Israel na *Sinfonia No. 2* de Mahler, assim como o *Concerto para violino em fá menor*, tendo Itzhak Perlman como solista; a Metropolitan Opera apresentará *Le nozze di Figaro, Lucia di Lammermoor, Aída, Dialogue des carmelites, La fille du régiment* e a estréia de *Death in Venice*, de Benjamin Britten, inspirada pela novela *Morte em Veneza* de Thomas Mann; o supertelão tridimensional do

Museu de História Natural traz os supervilões tubarões para assustar a garotada (também gosto). E isto é apenas uma lista parcial, pessoal, limitada praticamente à semana que entra. Começou a fazer sentido a mínha síndrome?

Excêntricos também são filhos de Deus, quero crer: tenho um outro lado, aventureiro, novidadeiro, que já me meteu em poucas e boas. Há mesmo, entre aqueles que me conhecem de longa data, quem me considere um desmiolado. Devem estar por aí as razões que me causam esta ambivalência toda. E que me fez esquecer: eu não sei esquiar.

O Globo
5 de fevereiro de 1994

FARRAS NO KREMLIN

Como se já não bastassem as toneladas de boatos impressos sobre os supostos escusos amores do presidente Bill Clinton e as mais variadas senhoras; de Ted, Robert e John Kennedy com toda espécie de estrelas, *starlets* & anônimas; de Franklyn Roosevelt com sua secretária e de Eleanor com moças em geral; das folias de Nancy Reagan com — entre outros — Frank Sinatra; do filho dela, Ron Reagan, com membros do serviço secreto, e da filha Patti Reagan (recentemente pelada na capa da revista *Playboy*) com o que desse e viesse, eis que a lucrativa visita aos leitos dos famosos ganhou surpreendentes e insuspeitos personagens novos. Agora — pasmem — os segredos dos *boudoirs* estão tendo seus véus levantados na Rússia, onde já renderam bons rublos. Breve estarão por aqui, à cata de um punhado de dólares.

Os lençóis, colchões e montes de feno percorridos desta

vez são os das dachas onde rolaram Stalin, Lenin, Molotov e mesmo o temido chefe de polícia Laurenti Beria. A excursão erótico-revisionista tem por guia a poeta e feminista Larisa Vasilyeva, autora do livro *Kremlim wives*, que este mês estará chegando às livrarias norte-americanas. No seu país de origem, onde foi publicada há dois anos, a obra foi um sucesso: dois milhões e meio de exemplares vendidos na edição oficial, fora um mesmo, ou maior, número em quatro edições piratas (o verdadeiro termômetro de vendas na terra que não reconhece direitos autorais).

Perto do que se passava a quatro paredes entre mais um plano qüinqüenal e reuniões do Politburo, os escândalos envolvendo os políticos americanos parecerão histórias da carochinha.

A crer no que conta a senhora Vasilyeva, que afirma ter convivido com alguns dos ebulientes personagens graças à boa vida que levava como filha do inventor dos tanques T-44, o Kremlin ardia de paixões, vícios, traições e amores ilícitos.

Um destes, por exemplo, teria sido o longo e duradouro *ménage à trois* que floresceu quando Lenin conheceu e apaixonou-se perdidamente pela bela revolucionária Inesa Armand. Para não perder o marido, a pragmática mulher de Lenin, Nadezha, simplesmente abriu uma vaga na cama do casal. E também passou a se aproveitar dos encantos da adição. Lenin, contudo, pareceria modesto perto do sangrento e ciumento Beria. O carrasco, que mantinha a esposa sob constante vigilância de um exército de guarda-costas (chegavam a pedalar ao lado quando a delicada Nina fazia seus inocentes passeios de bicicleta), seria um depravado que à noite recebia no próprio lar a visita de moças — em geral menores de idade e de preferência virgens — que submetia a seus caprichos sexuais. Mais de setecentas adolescentes teriam passado por essa peculiar forma de fidelidade ao regime comunista.

Molotov e sua mulher Paulina Zhemchuzhina também aparecem, cada um a seu modo, como figuras bem pouco exemplares. Paulina — vaidosa, superficial, burguesa e frívola — teria cedido favores amorosos a Stalin com regular freqüência. Isso, contudo, não impediu que o ditador acabasse por enviá-la ao Gulag em 1949, sob acusação de ser uma agente sionista (Paulina era judia). O complacente marido não abriu o bico. A traição do amante não teria alterado os sentimentos de madame Molotov. Ao ser libertada, em 1953, teria rumado imediatamente para o leito de Stalin.

Para Stalin — "a pior coisa que poderia ter acontecido a uma idéia boa", segundo o dramaturgo e esquerdista Tony Kushner — também está reservada a parte mais patológica do livro da senhora Vasilyeva. Remontando a um caso amoroso de 1901 em Tbilisi, a autora assegura que Svetlana não era filha dele. Era neta. Ou seja, o segundo casamento de Stalin seria incestuoso. Nadezha Alliluyeva, mãe de Svetlana, morta misteriosamente em 1932 (as possibilidades, segundo historiadores, são suicídio ou assassinato por um tiro do marido), era resultado do relacionamento de Stalin com uma promíscua mulher casada da capital da Geórgia. O livro afirma que Nadezha se matou ao final de uma noite em que, após os habituais insultos e atos sexuais brutais, Stalin lhe revelou sempre ter sabido que era seu pai.

Com tanta atividade sob os lençóis, é de se admirar que o império soviético não tivesse ruído há mais tempo. Ou — sabe-se lá por que estranhos labirintos caminha a alma eslava — durou o que durou por isso mesmo.

O Globo
9 de julho de 1994

Da sarjeta à Casa Branca

Seu destino não parecia nada promissor. Filho de pai desconhecido e de uma doidivanas que se abandonava aos apelos do instinto em qualquer beco ou escurinho de Little Rock, a capital do estado do Arkansas, ele estava fadado a um triste futuro: ser abandonado pela mãe, como já acontecera com outros de seus irmãos, e terminar seus dias mendigando pelos fundos de algum *diner* vagabundo. Com sorte talvez encontrasse alguma alma bondosa que o acolhesse.

Alguns seres, porém, nascem virados para a Lua.

Numa certa manhã de fim de outono, nosso famélico personagem deparou-se com uma menina de onze anos, rosto sardento, cabelos compridos encaracolados, comendo seu lanche no pátio da escola. Ela ouviu um som fraco, agudo, como um pedido de apelo. Olhou sob o banco do pátio onde estava sentada e viu aquela coisa esquálida, tremendo de frio. Ele

104 EDNEY SILVESTRE

era quase todo preto, com patas brancas. A garotinha pensou: parece que ele está de meias. E lhe ofereceu o que comia — imediatamente rejeitado: maçã e pão não são comidas que um gato jovem aprecie, por mais fome que tenha.

Penalizada, a menina colocou-o no bolso largo de seu casaco, levou-o para o refeitório e conseguiu para ele um pires de leite morno. Lambidos os bigodes, o pequeno gato imediatamente sumiu por entre os refrigeradores. Mas a solicitação, seguida de passagem pelo refeitório, repetiu-se no dia seguinte. E no outro. Quando se deu pela quarta vez, a menina já tinha conseguido permissão da mãe para levar o filhote de gato para casa. Devidamente batizado de "Socks" (meias).

O novo lar de Socks não era um lugar comum. Era a mansão do governador do Arkansas, então candidato do Partido Democrata à presidência dos Estados Unidos. Chances de ser eleito? Ridículas. Além de George Bush estar no auge da popularidade com a Guerra do Golfo, o pai da menina comandava o estado mais pobre do país, era desconhecido nacionalmente, e quando a imprensa falava dele era para fofocar sobre suspeitos romances passados.

Dois anos depois, o enjeitado pobretão preto de patas brancas habita o endereço mais poderoso do mundo: 1600 Pennsylvania Avenue, em Washington. Com a menina Chelsea e os pais dela, Bill e Hillary Clinton. O felino ainda não está totalmente à vontade no lugar: tenta se adaptar à nova e espaçosa residência onde antes só entravam *caniches* com

OUTROS TEMPOS **105**

pedigree, as Millies de origem nobre, cujos ancestrais podem ser traçados por décadas, até séculos. Para evitar uma instintiva corrida desabalada ao antigo lar em Arkansas, impõem a ele uma coleira cada vez que é levado a um passeio pelos gramados bem cuidados da residência oficial do presidente dos Estados Unidos da América. Mas é caminhada de astro, seguido de batalhões de fotógrafos à procura do melhor ângulo para seus bigodes. Por enquanto, passear livremente só lá dentro, entre os salões, escadarias e escritórios — fora dos horários de visitação pública, entretanto.

Sua imagem está sendo reproduzida em jornais e revistas do mundo inteiro, em cartões-postais e num bicho de pelúcia que leva seu nome, custa entre dezenove e vinte e cinco dólares dependendo da loja onde é comprado, e tem os lucros da venda revertidos para obras assistenciais dedicadas a felinos menos afortunados. Ainda assim, com toda a súbita popularidade, Socks não perdeu o jeito despretensioso de moleque de rua nem seu amor pelas coisas simples. Dorme, cochila e ronrona na mesma cama — forrada de lona preta — dos primeiros tempos. Tampouco troca sua frugal comida enlatada (fígado é o sabor favorito), nem que lhe ofereçam o melhor caviar do mundo.

Alguns binóculos e teleobjetivas mais abelhudos andaram flagrando o Primeiro Gato em situação intrigante nestes últimos dias. Sempre pelos umbrais das altas janelas, Socks parece estar lançando inequívocos olhares de solteiro inquieto para além das vidraças. Quem conhece gatos afirma: Socks está precisando namorar. E se casar. O que causa um problema logístico. Se ele não pode sair livremente às ruas, vielas e telhados de Washington para paquerar, como poderá cumprir o chamado da natureza? Vão ter de levar uma namorada até ele? Seria isso uma forma de proxenetismo ou não se dá esse nome quando a espécie da fêmea e do macho em questão não é a humana? De que raça deverá ser a gata? Dama ou vagabunda? O que dirão as feministas radicais quando Socks começar a se esfregar nela? Vão acusá-lo de assédio sexual? As redes de televisão solicitarão os direitos de transmissão do embate amoroso? Os grupos conservadores protestarão contra a impudicícia pública em plena e sacrossanta Casa Branca?

Socks pode ser o gato mais poderoso do mundo, mas numa hora dessas deve morrer de inveja do Tom, do Félix ou de qualquer outro gato que passeie livremente seu desejo pelos becos do mundo.

O Globo
20 de fevereiro de 1993

Festa no interior

Engana-se quem acha que o dinheiro americano está ancorado aqui em Nova York. É o mais exibido, sem dúvida (Donald Trump que o diga), e pouco seguramente não é. Mas está do lado do *show off* que serve para abrir portas de negócios ou empurrar na escada social, desaguar em revistas luxuosas e amplificar os gritos que proclamam: "Olhem para mim! Eu venci! Eu venci!"

A real, sólida, velha dinheirama americana está muito longe das páginas da revista *Vanity Fair* — aliás feita por ingleses cada vez mais deslumbrados com a espantosa mobilidade social desta sociedade, tão oposta ao sistema de castas da deles. As fortunas rochosas, bem enraizadas, são surpreendentemente *low-profile* e continuam engordando da mesma maneira discreta que já o faziam no século passado. Não é teoria. É testemunho.

108 EDNEY SILVESTRE

Fui ao Kentucky — que para mim era pouco mais que a terra do bourbon, o berço de Cassius Mohammed Ali Clay, e onde todo ano acontece um derby famoso — para um festival de teatro numa cidade pouco maior que Juiz de Fora ou Ribeirão Preto. Logo na primeira noite estava numa festa na casa de um certo casal Brown. Lembrava aquelas residências grandes e antigas que existem ali pela serra de Petrópolis, no Estado do Rio: confortável, sólida, sem ostentações. E sem piscina.

Pelos três salões e a biblioteca do térreo circulava gente de teatro de Nigéria, Suécia, Alemanha, Índia, Austrália, Nova Guiné; agentes e produtores de Hollywood e Nova York; jornalistas de Londres, Tóquio, Budapeste e Ohio: o elenco anual do Humana Festival, que acontece na cidade de Louisville (que eles pronunciam "Lôuvíl"). Um detalhe sulista, como não se vê em nenhuma outra parte dos Estados Unidos: fora os quatro ou cinco convidados africanos, alguns garçons — parecendo saídos de uma cena de ...*E o vento levou* — eram os únicos negros presentes. Passavam bandejas com todo tipo de bebidas e salgadinhos com ar simples, típicos da região. Em suma: comparada com qualquer festa de bicheiro ou dono de casa noturna carioca, era uma festa modesta. Como modesto foi o jantar — salada, massa, um prato de carne e outro de frango — para o qual entrou-se em duas filas e serviu-se à americana. Mr. Ashley Brown e Mrs. Kitty Brown, gentilmente, circulavam entre as mesas. Fim da história.

Não exatamente.

O bourbon, o uísque, o vinho, o vermute, a tequila, o conhaque e o champanhe que os garçons passavam incessantemente eram marcas de propriedade da família Brown: Jack Daniel's, Southern Confort, Early Times, Canadian Mist, Bushmills, Sempé Armagnac, Glenmorangie, Old Forester, Bolla, Fontana Candida, Pepe Lopez, Korbel, Noilly Pratt. Os copos e taças em que estavam servidos eram de cristal Dansk — igualmente de propriedade da família Brown. Os pratos em que comemos tinham a marca Lenox, das mais refinadas dos Estados Unidos, também parte da lista da família Brown, assim como dela também eram os talheres de prata Kirk Stieff.

Quem depois saiu ao jardim e acendeu um Pall Mall estava fumando uma das marcas fabricadas pela Brown-Williamson (tabaco e bourbon originaram tudo no século XVIII). Não foi preciso, mas se alguém necessitasse de assistência médica, teria sido levado ao hospital que pertence à rede Columbia — a segunda maior do país — cujo acionista majoritário vocês já sabem quem é. Isso para não mencionar interesses secundários em bancos, revendedoras de automóveis, na própria Ford Motor Company, na locadora Budget Rent-a-car, na agência de publicidade Creative Arts, na construtora Kentucky Towers. A lista daquilo em que os Brown têm participação minoritária possivelmente necessitaria de algumas páginas de jornal para ser vista em sua totalidade.

Voltei para meu hotel — uma construção da década de 20, cheia de mármores & bronzes & vitrais & veludos, onde os quartos simples, como o meu, são do tamanho de um apartamento de tamanho médio em Manhattan — boquiaberto. Só então me toquei: eu estava hospedado no Brown Hotel.

P.S. Aos admiradores de F. Scott Fitzgerald: procurem em *O grande Gatsby* o episódio do casamento de Daisy Buchanan e vejam que escadaria de mármore com corrimão de bronze, em qual hotel, de que cidade do interior do Kentucky, ela desce vestida de noiva.

O Globo
2 de abril de 1994

LENOX, MASSACHUSETTS

Entre a noite da sexta e a manhã de domingo assisti a um concerto da Orquestra Sinfônica de Boston, vi um espetáculo do grupo de dança de Garth Fagan, presenciei uma montagem de *A comédia dos erros* na qual os atores mais velhos deviam ter vinte e poucos anos, visitei os jardins e a casa de Edith Wharton. Por falta de tempo tive de abrir mão de *The italian girl in Algiers*, versão em inglês da ópera de Rossini, aqui dirigida por Muriel Von Villas, assim como da montagem de *The turn of the screw* — a ópera de Benjamin Britten baseada no romance de Henry James — segundo a tão aclamada quanto controvertida dupla Joel Revzen (regente) e Mary Duncan (diretora).

Em Nova York?

Não.

Em Lenox, estado de Massachusetts. Um lugarejo menor que Valença, minha cidade natal, no Estado do Rio.

112 EDNEY SILVESTRE

Porque falei em teatro, dança, ópera, concerto e Edith Wharton, aposto que você pensou em cavalheiros enfarpelados, senhoras cobertas de jóias, narizes empinados, aquela atmosfera aristocrática que costuma cercar esse gênero de — como define essa pernóstica combinação de palavras que os/as relações-públicas parecem adorar — "evento cultural". Puro engano.

Bermudas, tênis, camisetas: era o que vestia quase todo mundo em cada um dos lugares onde aconteciam estas celebrações do espírito humano. Em Tanglewood, cenário dos concertos, é dada a você a opção de sentar-se na platéia do amplo teatro ou, já que ele não tem paredes laterais nem frontais (ainda assim, possui uma acústica fenomenal), estender um cobertor e deitar-se na grama em volta, ouvindo um programa inteiro de Beethoven, como na noite em que lá estive, sob a lua & as estrelas que brilham no céu de Massachusetts. Também é ocasião para piquenique, e muita gente leva seus vinhos, queijos, frutas ou sanduíches e batatas fritas. Ninguém vê nenhum sacrilégio nisso, ninguém torce o nariz.

A uns doze quilômetros dali, em Jacob's Pillow, os espetáculos de dança acontecem num antigo celeiro e num teatro de madeira, tudo simples, com ventiladores de teto. Do lado de fora, num extenso gramado cheio de mesas, espectadores ceiam os farnéis que trouxeram de casa ou as saladas e massas vendidas a preços módicos pela lanchonete local. Esta foi a opção do diretor de cinema Arthur (*Bonnie & Clyde* —

Uma rajada de balas) Penn, que tem casa nas redondezas e estava acompanhado da mulher, a psicanalista Peggy.

A menos de dez minutos de carro fica The Cranwell Opera House. Dez quilômetros ao sul está The Mount, a casa que Edith Wharton construiu graças ao sucesso de seus vinte e um romances, onze livros de contos e nove livros de ensaios. É uma edificação tão imponente quanto graciosa, algo entre as *villas* italianas que tanto a encantavam e os ordenados jardins franceses do século XVII. Esteve em ruínas, desde 1980 vem sendo recuperada aos poucos. Com dinheiro privado. Inclusive dos ingressos cobrados (seis dólares).

Houve um tempo em que inúmeras cidades do interior do Brasil tinham festivais semelhantes. Da Paraíba ao Paraná, de Minas ao Rio Grande do Sul, havia grupos de música e mesmo orquestras sinfônicas, cinemas que exibiam Glauber, Godard ou John Wayne, estações de rádio que geravam seus próprios programas regionais, palcos de todos os tamanhos — em escolas, clubes, organizações sindicais, inúmeros comoventemente pobres, mas ativos — visitados por companhias das capitais ou apresentando versões tão ingênuas quanto sinceras de textos clássicos e populares. Foi assim que assisti, no Clube dos Coroados, sim, lá mesmo em Valença, ao ator Rodolfo Mayer fazendo o monólogo *As mãos de Eurídice*.

Havia uma efervescência cultural que era parte ideologia, parte esperança de construção de um país melhor (parece redundância, mas há sutilezas a separar cada uma), outro

114 EDNEY SILVESTRE

tanto um apreço pela herança daquilo que estava ao lado e de todo o resto que é bem comum da humanidade.

Não sei se é possível culpar a televisão pelo fim de tudo isso, como Carlos Diegues fez em *Bye Bye Brasil*. Minha impressão é que ela apenas homogeneizou o terreno arrasado pela ditadura. A ditadura militar, porém, acabou há quase dez anos. A da televisão me parece desculpa preguiçosa: no resto do mundo ela convive em harmonia e, não poucas vezes, é veículo de divulgação da cultura. Cidadezinhas como Lenox são possíveis no Brasil, como já foram um dia. Desde que se acorde. Desde que se queira. Desde que se aja.

O Globo
20 de agosto de 1994

Valença / Manhattan

Em Valença, no início dos anos 60, as moças passeavam de mãos dadas. Tal como hoje vejo acontecendo aqui, no Greenwich Village. Lá não significava nada, senão isso mesmo: andar de mãos dadas. Assim as boas moças de família valencianas iam ao cinema, assim subiam os degraus da imponente catedral barroca para a missa dominical, assim faziam o *footing* de sábado à noite na Rua dos Mineiros — a principal da cidade — enquanto flertavam discretamente, em meio a risinhos disfarçados e fantasias pouco santas, com aqueles que planejavam transformar em seus futuros namorados, noivos, maridos, pais de seus filhos e avós de seus netos, até que a morte os separasse.

Aqui não é bem assim.

As moças de cá estão expressando um outro tipo de afeto ao passear de mãos dadas pela Oitava Avenida ou nas proximidades das ruas Charles e Morton, onde há bares como o Henrietta Hudson e restaurantes como o Rubyfruit, voltados exclusivamente para o público feminino interessado no público feminino. Fora turistas desavisados, que arregalam os olhos diante do à vontade com que as felizes duplas demonstram o carinho que as une, ninguém por cá se espanta com as moças nova-iorquinas de mãos dadas. Tal como ninguém se espantava com as moças valencianas de mãos dadas no início dos anos 60. Era um costume, apenas, como qualquer outro. Ninguém sequer pensaria em fazer um julgamento moral — incabível, aliás. E as moças daqui? Por que hoje, trinta anos distante de uma pequena cidade no interior do Estado do Rio, Brasil, chocariam os desavisados visitantes da cidade mais cosmopolita do mundo? O erro está no peso que o olhar carrega. Se o mundo é, antes de tudo, aquilo que você consegue ver, privilegiados são aqueles e aquelas que entendem que toda maneira de amor vale a pena, por mais inusitada que a princípio pareça. É assim que a coisa funciona por cá. E devo meu coração aberto à formação liberal que Lourdes e Joaquim Silvestre me deram ao manterem abertos os seus, assim como a casa onde morávamos em Valença, onde a mesa estava sempre posta e sempre pronta para acolher pessoas de qualquer orientação sexual, cor ou religião.

Teve quem achasse engraçado quando, durante as entrevistas sobre meu livro *Dias de cachorro louco*, eu fizesse constantes referências às semelhanças entre Valença e Manhattan,

OUTROS TEMPOS **117**

assim como as razões que me faziam sentir em casa aqui, talvez até mais do que quando rodava pela Rua dos Mineiros com meu amigos Diomedes, Paulo e Sávio. Eu não estava brincando. Não totalmente, pelo menos.

Hoje, Valença pode até ser mais homogênea etnicamente, mas nossos vizinhos, tal como meus colegas de sala no curso primário e ginasial, tinham sobrenomes como Scheinferber, Shijeto, Januzzi, Slade, Suarez, Felix, Dolinski, Valladares, Torres, Tabet, Blois, Mazzeo, Curzio, Gottshalk. Seus pais ou avós tinham se instalado ali fugindo da perseguição nazista na Europa Central; em busca de uma vida melhor do que a que levavam no Japão ou na França; trazidos por alguma perspectiva menos dura do que os áridos campos do sul da Itália, do Líbano e da Síria; longe do racismo do sul dos Estados Unidos e do sul do Brasil; distantes da opressão de Franco na Espanha, de Salazar em Portugal, dos senhores de engenho do Nordeste e dos fazendeiros de Minas, Goiás, Espírito Santo.

Na casa de vizinhos e de meus amigos falava-se iídiche, japonês, diversos dialetos italianos, inglês, espanhol, polonês, francês, alemão e, não poucas vezes, português. A língua oficial do país vinha com sotaque lusitano, potiguar, baiano, gaúcho, pernambucano, capixaba, mineiro (muito), carioca e outros tantos. Como aqui, todas as pessoas que me rodeavam tinham chegado de algum lugar, migrantes ou imigrantes, seguindo a trilha que prometia refúgio, acolhida, prosperidade e uma vida melhor para si e seus filhos.

Há muito mais, todos os dias, me lembrando de Valença.

Aqui, a moça do balcão de frios do supermercado DAgostino's me pergunta, com seu sotaque sulista, quanto de presunto vou querer — antes mesmo que eu chegue lá, quando ainda estou na seção de uvas, bananas e maçãs. O sapateiro romeno, na esquina das ruas Barrow e Hudson, me acena seu bom dia sempre que me vê passar em frente à vitrine. Levei uma espinafração de Mrs. Kim, a gerente coreana da lavanderia entre as ruas 10 e Christopher, quando tentei encomendar casas novas para meu sobretudo, que se descabelavam ("Três dólares cada, muito dinheiro! Faça o senhor mesmo e economize dezoito dólares!").

O pessoal da pequena agência de correios (um portoriquenho, uma nissei, um ianque gay e uma negra do sul), quando me vê na longa fila, guarda meus pacotes e sugere os horários vazios quando devo voltar. No simpático Hudson Corner Café — boa comida italiana, preparada por cozinheiros mexicanos, comandados por proprietários chineses — me trazem imediatamente uma taça do merlot de que gosto, mal me sento para jantar. Aos domingos, no *brunch* do Sazerac House, nem preciso pedir: já sabem que prefiro os ovos mexidos, com *cream cheese*, cebolinha e cubos de presunto assado; chegam até a caçoar, simpaticamente, da minha taurina previsibilidade. Como estes, tenho incontáveis exemplos de provinciana intimidade e da cordialidade típicas de cidade pequena que por aqui acontecem a todo instante.

OUTROS TEMPOS **119**

Valença e Manhattan, como vêem, são muito parecidas. A única diferenca está no tamanho. Esta aqui é a maior cidade de interior do mundo.

O Globo
18 de maio de 1996

O TÁXI DO APOCALIPSE

Atrasado para a abertura de uma exposição na Pierpont Morgan Library, entro num táxi e peço: "Esquina de rua 36 com Madison Avenue, por favor." O chofer é um senhor lá pelos sessenta e muitos anos, distintíssimo, impecavelmente vestido. No rádio, música barroca. Nem bem rodamos o primeiro quarteirão, ele pergunta:

— Para onde o senhor pretende ir?

Repito o endereço. Não era essa a questão.

— Vejo que o senhor não leu o *New York Times* de hoje — ele observa.

— Por quê? A rua está fechada por obras? O presidente Clinton está na cidade? Tem passeata contra a visita do Papa?

Ele sorri, com indisfarçável benevolência, depois sacode a cabeça e diz alguma coisa que me parece ser completada pela palavra "anos". Explico que não ouvi direito.

122 EDNEY SILVESTRE

— Perguntei para onde o senhor pretende ir depois.

Choferes de táxi em Nova York têm um comportamento peculiar, todos sabem. Nenhum, porém, jamais se interessara por minhas andanças após chegar aonde queria. Como aprendi faz tempo que alguns dos diálogos mais interessantes de Manhattan acontecem dentro dos *yellow cabs*, sigo a regra: o *taxi-driver* fala o que bem entende, eu digo o que me vier à cabeça.

— Vou me encontrar com Telmo Martino — conto, como se falasse de um amigo comum — Depois a gente talvez almoce no SoHo.

— O apocalipse não o angustia?

Confesso, com sinceridade, que estou mais preocupado com as eleições no Brasil.

— Meus filhos também não se incomodam com a perspectiva de uma destruição total. São indiferentes. Acham que temos todo o tempo do mundo.

— Jovens são assim mesmo. O senhor não deveria se aborrecer com eles.

— Não são tão jovens. O mais novo fará quarenta em outubro.

— É, o tempo passa — filosofo.

— Justamente o que lhes disse esta manhã. Vou escrever uma carta ao presidente Clinton. Deveríamos começar a planejar logo para onde iremos. Para onde o senhor se mudaria?

— Gosto do West Village. Não pretendo sair de lá.

— Tudo vai secar, o senhor sabe. Não haverá uma gota d'água.

— Esse problema não existe no meu prédio. Moro lá há três anos e nunca tivemos falta d'água. Aquecimento sim, quando resolveram trocar o boiler em pleno inverno. Falta d'água, nunca.

— Sou a favor da assistência médica para todos, que parece ser o grande interesse do presidente, mas acho que Clinton não deveria negligenciar o problema do apocalipse.

— Realmente. Mas o plano de saúde pública é a menina dos olhos de sua administração.

— A curto prazo. É preciso definir desde já para qual galáxia deveremos nos mudar.

— Gosto do nosso planeta. Tem um monte de lugares que não conheço e pretendo visitar enquanto ainda me sinto semijovem. A Grécia, por exemplo.

— Um belo país, embora de comida pouco saudável. Tudo vai acabar, derreter.

— É uma pena. Eu realmente gosto deste nosso planeta.

— Talvez possamos encontrar algo muito melhor em outra galáxia.

— Certamente — encerrei, vendo que chegáramos ao destino e estendendo a ele o dinheiro da corrida.

— Minha mulher e eu gostamos de vir tomar chá aí dentro, aos sábados — disse, dando o troco e apontando o pouco conhecido museu. — Há alguma coisa especial nesta temporada?

124 EDNEY SILVESTRE

— Uma exposição de desenhos — respondi, abrindo a porta — Da Renascença a Picasso.

— É lamentável que venham a ser destruídos. Mas será impossível transportá-los. E a notícia do *New York Times* também dizia...

Interrompi, já com um pé do lado de fora:

— Mas quando o *Times* disse que isso vai acontecer?

— Daqui a um bilhão de anos.

— Acho que não vou viver tanto.

— Certo. Mas não custa planejar.

O Globo
24 de setembro de 1994

Cultura também é aflição

O calor que nos sufocava desapareceu, os dias são belos, o céu estampa um azul limpíssimo, as peles e os prédios refletem a luz dourada que acaricia cada canto. Não é mais verão, não é outono ainda. Ou seja, chegou a temporada das minhas aflições. Porque, depois do marasmo de julho e agosto, a vida cultural de Nova York explode como um vulcão atrasado para o trabalho. Tudo acontece em todos os lugares ao mesmo tempo: peças, filmes, exposições, concertos, shows. Ainda assim, tem quem reclame, como alguns críticos que estão antecipando uma temporada teatral magra. Vejam o que para eles é carne pouca:

Vanessa Redgrave estará de volta em *Vita and Virginia*, uma peça sobre o breve amor e longa amizade entre Virginia Woolf e Vita Sackville-West. Um rio (sim, com água de verdade) corre pelo palco do Gershwin Theater, onde o clássico

126 EDNEY SILVESTRE

musical *Showboat* ancora a partir de outubro. Sam Sheppard traz sua nova criação, *Simpatico*, com elenco que inclui o formidável careca Ed Harris. A mítica Julie Harris — parceira de James Dean em *Vidas amargas* — estará no Roundabout Theater* em uma remontagem de *The glass menagerie*, de Tenessee Williams. A magnificamente melodramática Glenn Close encarna o papel de sua vida, uma diva do cinema mudo no novo (e malhadíssimo) musical milionário — piscina no palco, que tal? — de Andrew Lloyd Webber, *Sunset Boulevard*.

Calma. Tem mais. Estreiando como dramaturgo, o ator Jeff Daniels (*Rosa púrpura do Cairo*) traz sua peça *The vast difference* ao Circle Rep. De um roteiro inédito de Ingmar Bergman surgiu *The petrified prince*, musical com direção de Harold Prince, que já assinou de *Cabaret* ao *Beijo da mulher-aranha* (agora com Vanessa Williams substituindo Chita Rivera). Mais iconoclasta, o Minetta Lane Theater, onde até há pouco Eric Bogosian estrelava seu monólogo *Martelando pregos no assoalho com minha testa*, fará versão *country-and-western* do *Anel dos Nibelungos* de Wagner, chamada *Das barbecü* (assim mesmo, com trema no u). Pessoalmente acho um dos melhores títulos dos últimos tempos.

Em dezembro Elvis Presley ressuscita no corpo do cult-ator Christopher Walken, também autor-estreante, em *Him*. Logo depois Mathew Broderick reaparece estrelando a nova

---

*O edifício, em Times Square, foi derrubado para a construção de um arranha-céu que hoje abriga uma megaloja da Virgin Records no andar térreo.

OUTROS TEMPOS **127**

montagem de *Como vencer na vida sem fazer força* — que no Brasil foi ao palco do teatro do Copacabana Palace, se não estou enganado, lá pelos anos 60, com uma jovem chamada Marília Pera. Entre um e outro, chega ninguém menos que a superestrela Julie Andrews trazendo à Broadway a tão prometida & inúmeras vezes adiada versão de seu megassucesso cinematográfico *Vitor ou Vitória*. Alguns críticos, que andaram vendo as primeiras versões testadas em palcos de capitais menores, alertam: o musical, dirigido por Blake Edwards (*A pantera cor-de-rosa*), marido da senhora Andrews, é um dos grandes abacaxis dos últimos tempos. O público, que nunca deixou de amar a tirolesa que cantava "as colinas estão vivas ao som da música" não está nem aí: a venda antecipada de ingressos está sendo uma avalanche.

E ainda, na temporada que eles acham magra: Stockard Channing, aquela loura atraente que foi candidata ao Oscar por *Six degrees of separation* fará *Hapdog* num dos teatros do Lincoln Center — e podem apostar em sua indicação para o Tony do ano que vem, pois está para Nova York como Meryl Streep para Hollywood. Marisa Tomei volta às origens com o grupo alternativo Naked Angels, em *A fair country*. O jovem galã Robert Sean Leonard aparece no belo texto *Philadelphia, here I come*, do irlandês Brian Friel. No Paramount, aquele teatrão dentro do Madison Square Garden, o clássico de Charles Dickens *A Christmas Carol* ganhará versão musical repleta de efeitos especiais, penada pelos autores dos megassucessos *Crazy for you* e *A bela e a fera* (que continuam em cartaz, assim como *Phantom of the opera*, *Les Miserables*, *Miss Saigon*, *Cats* e *Tommy*).

Millenium approaches e *Perestroika* — os dois terremotos de Tony Kushner que compõem o revolucionário e belíssimo *Angels in America* — também permanecem. Para sorte de quem ainda não viu, seu ator principal, Stephen Spinella (ganhador de dois Tony Awards), acabou não saindo para fazer a nova peça de Terrence McNally, *Love! Valour! Compassion!*, ao lado de Nathan Lane (Tony por *Guys and Dolls*, em cartaz há três anos), que abre em outubro. Do mesmo Kushner estréia *Slavs!*, que vi no Humana Festival de Louisville, no estado do Kentucky, e posso garantir: é uma das comédias mais devastadoras & hilárias dos úlltimos tempos.

No bairro do Brooklyn, para o festival New Wave, o BAM traz o bom e velho Bill Shakespeare de *As you like it*, encenado pela companhia inglesa Cheek by Jowl — com elenco inteiramente masculino. Também inteiramente masculino, depois de toda uma vida como *drag queen*, se apresentará Charles Busch em *You should be so lucky*. E já que estamos falando em confusão sexual, George C. Wolfe (diretor de *Angels in America* e *Jelly's last jam*) mete sua colher em *Blade to the heat*, onde o cenário é o aparentemente *muy macho* mundo do boxe latino.

Essa é a tal temporada teatral magra. Falta falar da temporada de dança & ópera & música erudita e popular. Ou dos livros. Ou dos filmes. Ou das exposições de pintura (uma delas, no Metropolitan, reunindo as 175 obras mais importantes do Impressionismo) e fotografias (Cornell — irmão de Robert — Capa, William Klein, o barão Adolph de Meyer). Ou das retrospectivas de cinema. Ou das revistas novas (por enquanto sabe-se de nove) que aterrissarão nas bancas. Ou das novas lojas e novas butiques e novas galerias e novas livrarias e novos restaurantes e novos bares e novos cafés e...

Como eu dizia, está aberta a minha temporada de aflições.

O Globo
17 de setembro de 1994

Os Antonios

Fulano só namora vagabundas. A definição é dele. Beltrano só namorava michês. Idem. Ambos chegados a criaturas com idade para serem seus/suas filhos/filhas. Partilham o mesmo prenome, de origem italiana, que passo a chamar de Antonio, por questão de discrição e respeito pela privacidade. Antonio Fulano é brasileiro, Antonio Beltrano é americano.

O americano nasceu rico. Herdeiro de uma fortuna feita com plantio e exportação de alface, na Califórnia. O Antonio brasileiro venceu na vida porque é inteligentíssimo, espertíssimo, brilhante.

Antonio brasileiro foi casado, por um bom tempo, com uma bela, inteligente profissional do ramo das comunicações. O Antonio americano teve uma relação de uma década e meia com um dos homens mais poderosos da indústria de música, televisão e cinema dos Estados Unidos, amigo de Steven Spielberg & outros do mesmo tope. Lá pelos anos 70, quando o companheiro estava começando na chamada indústria de entretenimento, Antonio americano — que vivia entre as celebridades de Hollywood — abriu as portas para ele em festas de uma veterana ex-estrela de melodramas chamada Lana Turner, do Steven Rubell que comandava o Studio 54, do fotógrafo Robert Mapplethorpe, de um estilista que ainda usava o nome de batismo, Ralph Laurentzky ou coisa parecida, mais tarde, sim, ele mesmo, retirando qualquer referência semita do sobrenome da família, assim como a elite da vanguarda das telas, dos palcos, das saunas. Antonio americano pagou muitas refeições para uma jovem, pobre, frenética, talentosa cantora havaiana que se apresentava em uma sauna do Upper West Side de Nova York. A moça tinha certeza de que ia ser um sucesso mais cedo ou mais tarde, e chamava-se Bette Midler.

Enquanto isso Antonio brasileiro construía uma vida seriíssima, num mundo oposto, driblando a ditadura militar de Garrastazus & companheiros de caserna lá embaixo, ao sul do Rio Grande, como gostam de dizer os americanos olhando para fronteira além-México. Casou-se, teve filhos, colocou tijolo sobre tijolo em uma reputação impecável no ramo a que se dedicou em vários estados, pela capital do nosso Brasil, e Rio, e São Paulo & alhures. Não poucos bem-sucedidos políticos nacionais devem os acertos de suas carreiras às orientações e assessorias que ele lhes deu.

Os Antonios são da mesma geração, com pouca diferença de idade.

Fisicamente não podem ser mais diferentes.

Antonio brasileiro é saudável, atlético, baixo como seus antepassados portugueses. Às vezes usa óculos, mas prefere lentes de contato. Não diria que é um homem vaidoso. Mas tem orgulho, justificado, de sua ilimitada capacidade intelectual. O equivalente ianque — alto, louro, olhos azuis (míope sim, óculos jamais), pele dourada — é bonito até hoje aos cinqüenta e alguns, uma versão maior, mais forte, mais cáustica e mais sorridente do que foi o galã Robert Redford nos bons tempos. O ator/diretor teve um par de filmes co-produzidos pelo companheiro de Antonio americano, aliás.

No início dos anos 90, quando estava pelos quarenta anos, Antonio americano tinha perdido praticamente todos os amigos, pelo menos no círculo mais próximo: todos dizimados pela Aids. Ele dizia que rodava pelos lugares que conhecia como um fantasma que não consegue abandonar o corpo. Experimentou todas as drogas — e muito. A boa aparência não o abandonou, mas o fígado está destruído: depende de um transplante, que aguarda, para viver, quem sabe, mais uns cinco, dez, quinze anos. Diz que tudo o que puder ganhar é lucro.

Já Antonio brasileiro não podia estar melhor — isto é, fisicamente. Corre, anda, se exercita, tem uma condição física melhor do que os filhos (todos três do primeiro casamento). E depois de fazer fortuna orientando a elite política e

134   EDNEY SILVESTRE

econômica brasileira, decidiu se dedicar às esperanças de grupos e indivíduos menos conservadores que almejam o poder. Passa a maior parte de seu tempo, agora, num estado do sul. Não sei se vai ou não ganhar dinheiro com isso. Mas sei que ele não se importa. O que tem na conta bancária não é pouco. E seria o tempo de expiar suas culpas, quem sabe.

Nos oito ou dez anos em que Antonio americano viveu em Nova York, lidando com uma confecção de roupas femininas que tinha associado à irmã, o enorme apartamento em que vivia no Upper East Side era cenário de festas com o Beautiful People de então, todos chamados pelos primeiros nomes: Bianca & Mick (Jagger); Liza (Minnelli); Andy (Warhol) com sua peruca prateada e mais a *entourage*; Marisa (Berenson), a irmã dela Berry (Berenson), e o marido ator Tony (Perkins); o diretor italiano Franco (Zefirelli) com seu(s) garoto(s) do momento; a Diana (Vreeland) que comandava a revista *Vogue* e sempre arrastava algum *chevalier servant*; uma certa Diane, casada com um arruinado nobre alemão cuja irmã tinha sido mulher de um ricaço brasileiro; e *last but not least*, sempre, as/os belos coadjuvantes, um sem número daquele inefável grupo que até hoje em Manhattan, a cada nova geração, continua sendo denominado com hífen indicando suas atividades de sobreviventes que ambicionam "chegar lá": modelos-atores-garçons/garçonetes. Acho que Halston era chamado de Halston, mesmo. Isso tudo foi antes, evidentemente, da falecida era das supermodelos dos anos 90, da qual as únicas sobreviventes — balzaquianas belas neste início do século XXI — ainda são conhecidas pelos primeiros nomes: Naomi, Linda, Kate, Christie e, única na nova geração, a brasileira Gisele.

Foi numa dessas festas que o companheiro de Antonio americano conheceu a mulher com quem ele passou a se apresentar em situações públicas, para salvar as aparências. Apresentada por Beltrano, que tinha comprado e armado a distribuição da primeira coleção de vestidos criados por ela. Os dois hoje são marido e mulher, de papel assinado no juiz e com direito a recepção comentada no *New York Times*. De todos os que se divertiam madrugada adentro e não poucas vezes até altas horas da manhã, Antonio americano era o mais animado. Ninguém que eu conheça ri com mais prazer do que ele — com ou sem fígado avariado.

Nada parecido nas festas do equivalente nacional. Divertidas sim, porque ninguém é melhor de festa do que brasileiro, seja qual for a classe social a que pertença ou a cerveja/champanhe servido. Porém o clima não tinha nada de loucura. Não química, pelo menos. Por ali girava o mundo do poder verde e amarelo. Banqueiros, políticos, ministros, ex-ministros e futuros ministeriáveis, editores dos principais jornais, revistas e tevês nacionais, repórteres, âncoras, e amigos de longa data — que ele nunca esqueceu nem abandonou jamais. Era um anfitrião discreto, daqueles que circulam quase invisíveis pelos grupos, fazendo um aparte aqui e ali, checando o funcionamento dos drinques e mantendo a impecável circulação do discreto exército de copeiras e garçons. Bebia e bebe pouco. Ele construía um cenário em que a mulher (a segunda) era a grande estrela.

E ela sabia — sabe — pisar nessa estrada como ninguém. Charmosa, elegante, aderindo aqui e ali aos grupos e dando absoluta e total atenção a cada conversa que tinha, passando a cada convidado a sensação de que ele ou ela era a pessoa mais importante da noite. E é sincera: onde coloca o foco de sua lente dá a impressão de finalmente ter chegado a quem desejou ver e conversar desde o primeiro segundo da festa. Contei que ambos são elegantíssimos? São. Im-pe-cá-veis. Nunca vi nenhum deles amassado, com um vinco ou um fio de cabelo fora do lugar. Mencionei que ela era *sexy*? Então deixem que corrija: continua. Muito. A sensualidade exala de cada poro de sua pele perfeita, cuidada, sutilmente cheirosa.

Havia um milagre comparável com Antonio americano. Apesar do coquetel de drogas que ingeria generosamente, conseguia parecer estar sempre pronto para ser fotografado por Avedon — como foi, aliás. Ingeria quaaludes, *angel dust*, cocaína, heroína jamais, maconha em quantidades industriais; vodca, gim, uísque, vinho; e fechava as manhãs com um bloody-mary triplo, seguido de uma gororoba que continha mais vodca, um ovo cru, molho inglês e, se bem me lembro, algumas pitadas de tabasco. Não: o tabasco ia no bloody-mary. Não, novamente: o tabasco ia no bloody-mary e na tal gororoba. Ah, faltou contar que ele fumava continuamente. Tabaco, mesmo.

Os dois Antonios atravessaram a quarta década de suas vidas com crises semelhantes. Ambos sentiam que a vida começava a lhes escorrer pelos dedos e desejaram ter filhos. Enquanto Antonio brasileiro decidia que, menino ou menina, seria o/a último/a filho/a, o Antonio americano sonhava com o primeiro, aquele que iria herdar o nome da família, já que a irmã, adotada, tinha optado pelo sobrenome do marido húngaro. A mulher de Antonio brasileiro concordou. Aparentemente. Mas vivia dizendo "mais tarde", "ano que vem", "depois de nossa próxima viagem a Paris" ou "durante nossa estada em Barcelona" e ia empurrando o sonho do marido para longe, cada vez mais, até que ela também chegou à idade em que a gravidez seria arriscada e os dois acordaram em arquivar permanentemente os planos de aumentar a família.

Para Antonio americano a solução foi um pouco mais tortuosa. Com amigas não conseguiu aquiescência para suas ambições de preservação familiar. Pensou em adotar e chegou a armar planos de viagem à China, onde alguns dólares são sempre bem-vindos em asilos lotados de meninas abandonadas, até que lhe sugeriram publicar um anúncio de "Procura-se", respondido finalmente, após três ou quatro meses de ansiedade, por uma candidata à maternidade remunerada que residia no estado do Novo México. Trocaram cartas, fotos (ainda estávamos na era pré-internet) e finalmente decidiram discutir pessoalmente os detalhes jurídicos e financeiros da proposta. Ela preferiu que se encontrassem em um restaurante discreto. Exigiu que assinassem um contrato em que ela teria direito a visitas (passagens pagas por ele) sem limites, depósitos regulares em sua conta bancária, um fundo garantindo a escolaridade da criança até a universidade, prioridade na escolha do prenome, fertilização na clínica mais cara de Nova York.

Ele concordou com tudo, jantaram, tomaram alguns drinques e, para espanto de Antonio americano, acabaram a noite na cama de seu hotel, calorosamente enlaçados. Quando Beltrano acordou na manhã seguinte a candidata tinha desaparecido. Três meses depois chegou uma carta, curta, postada de Indianápolis, sem endereço de retorno, avisando que ela estava grávida. Outros quatro meses se passaram até ele receber uma nova carta, desta vez enviada de San José da Costa Rica — novamente sem endereço da remetente — contando que a futura mãe passava bem e que ia ter uma menina. Foi a última notícia que Antonio americano recebeu. Depois disso desistiu de dar continuidade ao sobrenome de família.

O casamento de Antonio brasileiro acabou meio abruptamente. No gabinete do assessor de um ministro ele conheceu uma jovem e atraente repórter paulista recém-chegada a Brasília, com quem algumas manhãs mais tarde partilhou a cama em um hotel da capital. Após tomar uma chuveirada, vestiu-se, saiu, deixou a jovem se arrumando, tomou o elevador que, ao abrir no térreo, estava sendo esperado pela mulher dele, que tinha ido ali encontrar-se com uma amiga dos tempos da faculdade em Belo Horizonte. Não houve como explicar o cabelo molhado, ainda pingando. O divórcio foi discreto, ela continuou com a casa no lago por um tempo, depois vendeu e mudou-se para São Paulo. Por escolha mesmo ou apenas coincidência, dali em diante Antonio brasileiro passou a sair apenas com mulheres com quem não precise trocar mais do que as informações essenciais: Quanto, Onde, Tchau.

Cada vez mais só e isolado, Antonio americano passava tardes (jamais acorda antes das onze) sentado na pérgula de sua casa no alto de uma colina de Los Angeles, tendo ao lado um telefone portátil que jamais tocava: não havia mais ninguém que ligasse para ele. Exceto a irmã, vez por outra, como quando mais de uma vez convidou-o para passar o fim de semana com ela, o marido e as filhas adolescentes na casa que têm em Palm Springs, mesmo sabendo que o irmão diria novamente Não, Obrigado. Desta vez ele disse Sim, Tudo Bem, Amanhã eu Apareço Lá. E apareceu mesmo, no final da tarde do sábado, quando alguns amigos do casal chegavam para uns drinques. Entre eles estava Scott, um executivo da indústria farmacêutica, recém-divorciado, pai de dois filhos adultos. Não sei detalhes de como tudo aconteceu, mas apenas que Scott e Antonio americano acabam de completar o quarto ano de feliz união, celebrada com uma viagem à Austrália. Onde moram os pais de Scott. Que ficaram encantados com a escolha do filho.

(inédita)

Noite em Havana

Elas começam a chegar cedo. Algumas sozinhas, outras em pequenos grupos, todas prontas para entregarem-se aos turistas que saem dos hotéis perto dos quais circulam, em vestidos provocantes, cigarro aceso na boca, sapatos de saltos altos. O figurino que usam é quase sempre moderno, o estilo contemporâneo, na maioria produzido por alguma marca famosa no mundo capitalista contra o qual esbraveja até hoje o todo-poderoso dono da ilha onde nasceram e moram. Possivelmente os pais delas estavam entre aqueles que derrubaram a ditadura de Fulgencio Batista, e aceitaram abrir mão de confortos e liberdades individuais para construir ali um mundo novo, mais justo, onde todos tivessem educação, assistência médica, trabalho, justiça social.

Elas nasceram nesse mundo novo — não tão perfeito quanto foi sonhado, longe da meritocracia morena que os

142 EDNEY SILVESTRE

revolucionários prometiam. Quando elas acenam e sorriem para os alemães, canadenses, espanhóis, italianos, mexicanos, e até americanos, que se aproximarão e discutirão o preço do serviço sexual que elas irão prestar, há uma característica comum a todas que torna aquele comércio revoltante e patético. Elas são quase crianças. A maioria tem menos de dezoito anos, inúmeras estão entre catorze e dezesseis, várias mal se ajeitam dentro de seus vestidos decotados porque a carne que está dentro deles é de meninas de onze, doze, treze anos, com os seios apenas despontando.

Esta oportunidade de ganhar alguns, talvez muitos dólares, é extraordinária e não pode ser desperdiçada. Há quase quatro mil turistas circulando pela cidade: jornalistas que vieram cobrir a visita do Papa João Paulo II. A maioria homens. O preço de tudo em Havana disparou — inclusive o que as prostitutas cobram: de cinqüenta para cem dólares por uma a duas horas de companhia. Elas não sabem que estão prestes a perder boa parte da nova freguesia.

Dentro de um par de dias haverá uma debandada. A maioria dos jornalistas, produtores e técnicos americanos vai sair correndo de Cuba, abandonando postos, satélites, quartos e suítes. Sairão daqui em busca de um assunto bem mais palpitante do que o encontro entre dois velhos líderes teimosos. Irão para Washington, onde uma morena gordota, estagiária da Casa Branca, irá transformar-se num dos nomes mais célebres do fim de século ao provocar o maior dos vários escândalos envolvendo as práticas sexuais de William

OUTROS TEMPOS **143**

Jefferson Clinton, acabando por afetar até a eleição do próximo presidente norte-americano.

Mas esta noite o nome Monica Lewinsky ainda não significa nada para nenhum de nós. Os temas de nossas conversas ainda giram em torno da iminente chegada do Papa, dos boatos sobre uma suposta doença incurável de Fidel Castro, especulações a respeito de quem poderia ser seu sucessor. Estamos em La Guarida, *una paladar* — que é como são chamados os pequenos restaurantes de propriedade particular, abertos em casas e apartamentos de cidadãos cubanos com algum talento para a cozinha e disposição para enfrentar a máquina burocrática comunista.

Às *paladares* é permitido ter seis mesas, mas não podem anunciar, ter placa ou qualquer indicação da atividade que exercem, nem servir mais do que um número limitado de refeições por noite. É que a comida no país é racionada. Todos os restaurantes que veremos nos vinte e dois dias que passaremos em Cuba servirão porções pequenas. Não será diferente no La Guarida, que fica no terceiro andar de um dos muitos belos edifícios decadentes do centro de Havana, na Calle Concordia. Viemos trazidos pelo diplomata brasileiro Frederico Duque-Estrada Meier, amigo do proprietário, Enrique Nuñes. O restaurante, montado dentro do apartamento que pertencia à mãe de Nuñes, já foi visto mesmo por quem nunca pôs os pés em Cuba: era onde morava o personagem principal do filme *Morango e chocolate*.

Ocupamos duas mesas em La Guarida. Além de Frederico,

da editora de imagens Adriana Nagle, do cinegrafista Orlando Moreira, do produtor David Presas, do engenheiro de operações Julio Larcher e de mim — a equipe da Rede Globo em Havana — temos dois convidados. Uma jovem de dezoito anos e um rapaz de vinte e um. Os nomes que se dão vão mudar diversas vezes aquela noite. Os mais repetidos por ela são Ana, Gloria e Patricia. Ele chama a si mesmo de Juan, Marco, Ricardo, Esteban. Nenhum de nós esperava ouvir o nome verdadeiro, mesmo, e passamos a chamá-los de Ana e Marco. Estão conosco porque aquela é uma oportunidade rara de uma boa refeição, grátis, entre estrangeiros que não farão julgamento moral da atividade que exercem. Ana e Marco são *gineteros*. Vivem de fazer programa com turistas.

Ele diz que é enfermeiro, depois faz alusões a vagos trabalhos no comércio, mais tarde afirma que é estudante de Medicina e que tem planos de se dedicar à pesquisa de vacinas. Fala espanhol muito rápido, como fazem quase todos os cubanos, mesmo os mais educados, engolindo o final das palavras. Sabe algum inglês, aprendido com os clientes estrangeiros. Marco diz que tem namorada, que gosta de mulher, mas que no trabalho como *ginetero* prefere ir para a cama com homens. Eles querem apenas o prazer físico que Marco pode proporcionar, pagam sem regatear, e tudo acaba mais rápido. Já as mulheres estrangeiras tentam criar um clima de romance, gostam de tomar drinques, passear, jantar, ocupando horas preciosas em que ele poderia estar ganhando dinheiro fodendo outros clientes. Algumas dão presentes, em geral perfumes ou roupas, na esperança de que não terão de pagar o trabalho de Marco; se são muito generosas, aí sim, ele alimenta a fantasia das turistas, pelo tempo que os dólares delas sustente a ilusão do amor de um ardente cubano.

Ana tem um metro e setenta e cinco. A altura, as pernas longas, os olhos verdes, os lábios carnudos e a pele mulata facilitam as boas gorjetas que os turistas lhe dão desde os catorze anos. Ana não tem preferência por nenhum tipo ou nacionalidade. "Quanto mais velho o cliente, melhor paga", ela diz, independentemente do país de onde venha. Os cubanos de Miami são clientes raros, mas estão entre os que sempre dão dólares extras, acima do preço combinado. Ela acha que é porque sentem pena.

Ao contrário de Marco, Ana não alega que a prostituição é a maneira de sustentar os estudos para uma futura carreira profissional. Em Cuba um médico ou engenheiro ganha o equivalente a dezoito dólares por mês. Em uma única noite Ana é capaz de faturar até quatrocentos dólares; na pior das hipóteses, trinta a quarenta dólares por alguns minutos de sexo oral. O dinheiro é gasto, principalmente, em roupas e acessórios de marcas famosas. A Flórida, onde vivem alguns parentes que fugiram de Cuba, é citada várias vezes como o lugar em que almeja viver um dia, a terra onde todos os sonhos se realizam. Quais são os dela, Ana não sabe explicar.

Quando diz que mais dia, menos dia, vai abandonar a vida de *ginetera*, se casar, ter filhos e viver uma vida comum como a de seus pais, Ana soa como se estivesse recitando uma litania longamente decorada, mas repetida sem convicção. Ela é a mais velha de três irmãos. O pai tem quarenta anos, a mãe trinta e oito. No começo, Ana escondia deles o que fazia à noite, ainda que nem a mãe nem o pai jamais perguntassem como conseguia os muitos dólares que lhes dava. Hoje sabem. Não fazem nenhum comentário. E continuam aceitando as contribuições da filha.

Marco, que ouviu tudo sem dizer uma palavra, comenta que detesta ser chamado de *ginetero*. E acrescenta sua própria explicação para o grande número de prostitutos e prostitutas: "sexo é o esporte nacional de Cuba".

(inédita)

Uma mulher no exílio

Amã tem sete colinas "como Roma", diz Tanya, enquanto rodamos pela capital da Jordânia. O cinegrafista Helio Alvarez e eu acabamos chegar de volta ali, onde desembarcáramos quinze dias antes num vôo de Nova York com escala em Amsterdã. Estamos cansados, mal dormidos, ainda sofrendo os efeitos de várias infecções alimentares, após treze dias percorrendo o Iraque, e um retorno à Jordânia, dirigindo pelo deserto, direto de Bagdá, numa viagem que durou mais de dezesseis horas. Temos apenas dois dias em Amã. Buscamos um líder guerrilheiro anti-Saddam Hussein. Queremos uma entrevista com este comandante da resistência — que pode ou não estar na cidade — e Tanya é nosso único meio de chegar a ele.

Por volta do ano 100 d.C. as legiões romanas que ocupavam Amã a chamaram de Filadélfia. Percorrendo uma cidade tão antiga, não dá para entender como parece tão nova. Olhando em torno, tem-se a resposta. As colinas de Amã estão cobertas por avenidas e ruas ladeadas por construções recentes, uma versão atualizada do mesmo tipo de arquitetura anônima do pós-guerra que se vê pela Itália: quadrada, de poucos andares, um bairro após o outro sem distinção do anterior. Só a cor da terra seca, naquilo que provavelmente foi planejado como jardins em torno dos prédios, faz lembrar que estamos no Oriente Médio, numa cidade erguida no meio do deserto: um tom amarelo-pálido que dá à cidade um ar anêmico e provisório. Centenas de edifícios foram erguidos nos últimos cinco anos. A maioria hotéis e estalagens para abrigar os peregrinos que iriam a Jerusalém — distante pouco mais de duas horas de ônibus — e prefeririam ficar longe dos riscos e dos preços altos de Israel no "Ano Santo" dos cristãos.

Estamos no penúltimo mês do ano 2000, os esperados peregrinos não vieram, a violência em Jerusalém só faz crescer desde a eleição de Ariel Sharon para primeiro-ministro de Israel, os prédios novos não têm inquilinos, os saguões dos hotéis estão vazios, silenciosos, inúteis. Mesmo assim novas construções continuam subindo por todas as partes de Amã. Várias com mais de dez andares. Uma delas, outro futuro hotel, ocupando quase todo o quarteirão da colina mais alta da capital. Tanya acha o estilo arquitetônico atroz, e acrescenta: "É de propriedade de Saddam Hussein, lavagem do dinheiro que ele ganha com o contrabando de petróleo iraquiano para

OUTROS TEMPOS **149**

a Turquia e o Irã." Inúmeras outras construções na cidade pertenceriam à família e aos ministros do homem forte do Iraque, segundo ela. O dinheiro para financiá-las desembarcaria aqui após tortuosos percursos por bancos suíços, alemães, ingleses e franceses, cujos nomes aparecem como financiadores das obras nas placas em frente às obras.

Tanya nos leva ao maior supermercado da capital. É um Safeway, filial de uma rede norte-americana. Levamos tempo até encontrar uma vaga no estacionamento, lotado de carros, vans e utilitários asiáticos e europeus. Lá dentro há sorveterias, lanchonetes onde hambúrgueres são a grande atração, estandes para revelação de fotos em trinta minutos, banco vinte e quatro horas. Pelos quatro andares também se espalham lojas de roupas de cama/mesa/banho; lojas de eletrodomésticos, de brinquedos, de material de jardinagem. Na parte reservada para música vemos discos, cassetes, vídeos, CDs do mundo inteiro; na área de alimentos as opções são mais variadas do que se encontra na maioria dos supermercados de Manhattan. O que está nas prateleiras veio da Holanda, Japão, Estados Unidos, China, Coréia do Sul, Espanha, Portugal, Bélgica. Os sacos, caixas e pacotes estão escritos em árabe, inglês, italiano, tal como o de biscoitos que compro, produzidos na Turquia.

Amanhã Tanya nos levará aos estábulos e à pista de treino de propriedade de uma das princesas da família real da Jordânia, onde veremos os mais belos cavalos árabes, exibidos exclusivamente para Helio e eu durante quase duas ho-

150 EDNEY SILVESTRE

ras. Enquanto tomarmos chá açucarado os animais serão trazidos, um a um, à arena cercada por bancos de concreto, onde estaremos sentados em almofadas macias, à sombra de grandes oliveiras. Será impossível não reparar a extrema deferência com que os cavalariços dirigem-se a Tanya. Ela é amiga da família que governa o país, os mesmos Hashemitas que reinavam no Iraque até a proclamação da república, após um golpe militar, em junho de 1958. Os Hashemitas se proclamam descendentes diretos do profeta Ismael, filho daquele que os muçulmanos chamam de profeta Ibrahim e a tradição judaico-cristã de Abraão. Desta linhagem nasceu o homem que deu origem à dinastia, Hashem, cuja mãe, Fátima, era filha de Maomé, criador do Islamismo.

O rei do Iraque, Faissal II, primo do rei Hussein da Jordânia, tinha doze anos à época do golpe militar. Foi morto a tiros. Na noite anterior ao assassinato, Tanya, três anos mais nova do que o rei, estivera na festa de aniversário de Faissal II e deveria ter dormido no palácio, como era hábito de vários dos jovens amigos do monarca. Mas Tanya começou a sentir-se mal, a ficar tonta e ter visões que não conseguia explicar. Os pais decidiram levá-la para casa. No carro, sentada no banco de trás, Tanya começou a chorar e repetir que nunca mais ia ver o amigo. Os pais acharam que estava febril. "As outras crianças também foram mortas", ela conta, sem nenhum traço de emoção na voz.

Foi a primeira vez que teve visões. Ocorrem ainda, até hoje, sem regularidade, sem explicação nem lógica. Uma aconteceu quando conversávamos sobre minha vida como correspondente estrangeiro em Nova York: "Não fique lá", me disse, de supetão. "Vejo destruição, prédios ruindo, não sei por que razão." Eu conto para ela que há alguns meses fiz uma reportagem em que um sismólogo afirmava que um grande tremor, de seis a sete graus na escala Richter, sacudiria Manhattan muito breve. Seria essa a razão da visão que tivera, eu pergunto, não sem um certo sarcasmo. Tanya apenas repetiu: "Não fique lá, não fique."

Estávamos no anfiteatro que o imperador romano Antonio Pio construiu, um século após o nascimento de Cristo, e que sobreviveu a levas de outros invasores: árabes, cruzados, mongóis, turcos, franceses e britânicos. O monumento, onde cabem seis mil espectadores, foi restaurado recentemente. A acústica continua tão perfeita quanto há mil e novecentos anos: o que é sussurrado no centro do palco pode ser ouvido da última arquibancada. O local é um dos pontos favoritos para encontros dos exilados iraquianos: há sempre turistas, por entre os quais se esgueiram. Turistas é o que nós três também fingimos ser naquele momento, tirando fotografias enquanto observamos um grupo de policiais patrulhando o monumento e fazendo um rápido contato com o que acreditamos serem dois agentes de segurança em roupas civis, igualmente pretendendo serem turistas. Se percebem a presença de um iraquiano, pedem documentos. Que a maioria dos exilados não tem. Nesse caso, a pessoa é imediatamente detida e conduzida a uma viatura da polícia — há sempre algu-

152 EDNEY SILVESTRE

ma estacionada por perto. No dia seguinte o exilado é levado para a fronteira Jordânia-Iraque. "Nunca mais são vistos", Tanya diz.

Do supermercado partimos para um bairro pobre na periferia da cidade. Ao volante do utilitário comum, Tanya podia ser uma dona de casa de classe média de qualquer cidade grande do mundo, vestida sobriamente, anônima como uma funcionária pública pagando as contas do mês na fila do banco. Tem um vago ar de eficiência doméstica, cabelos castanhos, gestos delicados, mãos bem tratadas, unhas pintadas de cor clara. O marido e o filho caçula são médicos; o mais velho é oficial do exército jordaniano. Tanya viaja muito para fora da Jordânia, sempre usando o passaporte do país europeu do qual se tornou cidadã nos anos 60. As viagens não despertam suspeitas: oficialmente são para acompanhar o pai, que tem uma doença crônica e necessita de cuidados médicos em Londres, Paris, Madri, Viena e Hamburgo.

Tanya tem cinqüenta anos, parece estar pelos quarenta. Marido e filhos não têm a menor idéia das atividades dela fora de casa: Tanya faz parte da resistência iraquiana que almeja derrubar Saddam Hussein. Neste momento ela nos leva a um encontro com guerrilheiros e refugiados do Iraque. Pelo menos duzentos e cinqüenta mil iraquianos vivem em Amã. O número cresce todo dia. As fronteiras são fortemente guardadas por militares armados e vários postos policiais, "mas todos são corruptos e podem ser subornados", ela diz, acrescentando que uma de suas tarefas é conseguir dinheiro na

Europa e Estados Unidos para comprar a fuga de gente como a que encontramos numa casa discreta, no final de uma rua silenciosa.

No momento vivem doze ali, todos homens. Há estudantes, peixeiros, lavradores dormindo em um único cômodo, pequeno e sem janelas. Nenhum deles tem documentos, mas mesmo que tivessem provavelmente não conseguiriam trabalho: a Jordânia tem uma enorme população de refugiados palestinos, igualmente buscando como se sustentar. A maioria dos exilados iraquianos ganha algum trocado trabalhando de camelô pelas ruas de Amã, vendendo frutas secas, peixe, balas, ou fazendo contrabando até — com sorte — conseguir asilo em algum país do Ocidente. Todos, em um momento ou outro de suas vidas, estiveram presos no Iraque. Um dos estudantes me diz que passou um ano e meio atrás das grades, e que foi torturado seguidamente, porque o irmão dele, esse sim, é um guerrilheiro. Um homem mais velho, de barba branca, é um imã, um clérigo muçulmano, com grande cultura e passado de líder religioso. Durante uma das muitas sessões de tortura a que foi submetido, os carrascos queimaram profundamente sua mão direita. Os dedos, agora grudados e deformados, formam uma espécie de concha, escura e enrugada. Ele não revela como escapou da prisão, apenas que passou dois anos e meio se escondendo de casa em casa, até finalmente ser trazido para a Jordânia.

Quando deixamos a casa, Tanya não toma a estrada de volta à capital. Em vez disso, dirige para fora de Amã. Cerca

154 EDNEY SILVESTRE

de quarenta e cinco minutos depois finalmente encontramos "Mohammed" (o codinome que prefere usar na entrevista), o líder guerrilheiro xiita que buscávamos.

Ele acaba de chegar dos Estados Unidos, onde viveu nos últimos cinco anos trabalhando numa mercearia, em uma cidade do interior, no estado de Illinois. Mohammed é bem mais jovem do que esperávamos: ainda não tem trinta anos. Em 1991, logo após o fim da Guerra do Golfo, participou da rebelião na cidade portuária de Basra, sul do Iraque, violentamente reprimida por Saddam. Foi ferido. Ele mostra as cicatrizes e diz que escapou da carnificina final se escondendo sob o cadáver de um companheiro — um dos muitos deixados para apodrecer nas ruas — por um dia e uma noite. O irmão de Mohammed, porém, foi preso, torturado, finalmente morto. Quando a polícia entregou o cadáver aos pais, cobrou deles o preço das duas balas que mataram o filho. Mohammed conversa conosco em inglês, com forte sotaque, misturando palavras em árabe, que Tanya traduz. Ele diz que está arregimentando dissidentes e que dali partirá para a Síria, onde os guerrilheiros serão treinados. Quando lhe pergunto do que mais sente falta em seu país, titubeia. "Minha mãe", finalmente diz. Ele não a vê há oito anos e receia que nunca mais a encontre. O guerrilheiro se emociona. Faz força para não chorar. Não consegue. Esconde o rosto.

Terminada a entrevista, Mohammed sai da sala e desaparece. Ouço o barulho do motor de um veículo se afastando da casa, até sumir. Helio Alvarez começa a desmontar as luzes, guardar o material de câmera. Saio e encontro Tanya fumando, sentada em uma pedra. Acima de nós, o mesmo céu estrelado que brilhou sobre a cabeça de Alexandre, o Grande, do imperador Adriano, dos cruzados, de algum re-cruta inglês plebeu que acabou morrendo em Galípoli. Lá longe o ruído dos carros e caminhões na auto-estrada é ape-nas um sussurro. Ficamos em silêncio um longo tempo. Ela termina o cigarro, joga-o no chão, apaga-o com a sola da sandália. "Em noites como essa...", começa, se interrompen-do em seguida. Eu aguardo. "Em noites como essa, em Bag-dá", finalmente continua, "eu dormia ouvindo o coaxar dos sapos no riacho que corria atrás de nossa casa." Novo silêncio. "A casa foi transformada em hospital, depois demolida para a construção de um viaduto." Após uma breve hesitação eu lhe pergunto se voltaria a viver em Bagdá, caso Saddam Hussein perdesse o poder e algum tipo de governo democrático fosse estabelecido no Iraque. "A Bagdá que eu conhecia acabou. O Iraque que eu conhecia não existe mais. Eu não tenho mais lugar nenhum para voltar", ela responde. Depois levanta-se e sai caminhando, lentamente, em direção ao carro.

(inédita)

A GAIVOTA DO CENTRAL PARK

Quando Meryl Streep entra no palco, a platéia irrompe em aplausos. Chegou a grande estrela daquela noite especial. O mito está ali bem perto, em carne, osso, vitalidade, rendas brancas, a voz e riso inconfundíveis, a altivez envolvente e o indecifrável carisma. As palmas alongam-se, tão intensas que despertam e fazem voar sobre palco, espectadores e árvores, o que eu imagino serem pombos — até me tocar que, àquela hora, a revoada de formas brancas acima de nossas cabeças bem pode ser a dos morcegos que habitam o Central Park, assustados pelo barulho, atordoados pelos holofotes. Apago. Que sejam pombas. É uma imagem mais adequada para a magia daquela noite fresca de fim de julho.

Sou um dos privilegiados assistindo ao espetáculo que tem o ingresso mais cobiçado da história recente do teatro americano. Não é o do musical *The producers*, de Mel Brooks, ainda que

158 EDNEY SILVESTRE

este seja o que permite aos cambistas cobrar até quatrocentos dólares de quem deseja ver Matthew Broderick e Nathan Lane juntos, cantando e dançando — o preço mais alto que a Broadway já viu. O ingresso e a montagem mais procurados pelos novaiorquinos, e comentados pelos jornais, revistas, tevês neste verão de 2001, estão envolvidos por características muito especiais. A primeira delas: é uma peça de Anton Tchecov, num festival dedicado a William Shakespeare: *A gaivota*. Outra (que deslancha todo o resto): o ingresso é grátis.

Os tíquetes para a peça, distribuídos em número limitado das dez da manhã à uma da tarde, no Public Theater e ali mesmo no Central Park, provocaram filas que começavam a se formar na noite anterior. Quem os buscava no Public Theater, que fica na zona sul de Manhattan, na rua Laffayette, próximo à New York University, em meio a prédios comerciais, conformava-se com uma noite ruidosa e sem graça. Mas aqueles que tentavam consegui-los na bilheteria do Delacorte Theater, bem no meio de todo o verde do maior parque de Manhattan, criaram um outro, novo tipo de programa, que o verão sem chuvas e de temperatura amena permitiu: piquenique intelectual noturno.

Na cidade segura, sem medo de assaltos, estupros, roubos ou violência de qualquer espécie, nova-iorquinos e nova-iorquinas levavam colchonetes, camas de campanha, cobertores, travesseiros, almofadões, cadeiras de praia para o parque. Em cestas e mochilas, carregavam copos, taças e garrafas de vinho, queijos, sanduíches, água, frutas, doces. Vi inúmeros *walkmen*, mas nenhum rádio ou *boombox* ligado alto: o prazer de um não devia incomodar o outro. A situação favorecia o contato entre desconhecidos e o papo rolava animado madugada adentro. Uma reunião estival entre gente civilizada e sofisticada.

Deve ter sido uma das poucas filas no mundo onde a conversa podia girar tanto sobre os desatinos da política ambientalista do novo presidente, George W. Bush, e as liquidações das grandes lojas de departamentos, quanto considerações sobre a decadência do cinema americano por causa do *star-system* de Hollywood; assim como paralelos entre as obras de Ibsen, Beckett, Albee e recordações de performances inesquecíveis (sempre há uma pessoa mais velha que diz ter visto Marlon Brando e Jessica Tandy na primeira montagem de *Um bonde chamado desejo*). Breve parênteses: fui ao Central Park só para testemunhar os alegres convescotes comentados por toda a imprensa. Não tive de enfrentar fila pelo meu ingresso. Como venho sendo assinante regular das temporadas do Public Theater, minha preciosa e invejada tira de papel estampada *The Seagull at the Delacorte Theater* chegou pelo correio, como acontece a cada peça montada ou patrocinada pelo Public.

A *gaivota* do Central Park tem direção de Mike Nichols, apreciado nos palcos e conhecido dos freqüentadores de cinema do mundo inteiro desde seu primeiro filme, um sucesso que tornou famoso o então desconhecido ator de teatro nova-iorquino Dustin Hoffman e ratificou o talento da também nova-iorquina Anne Bancroft: *A primeira noite de um homem*. Confirmando aquelas teorias de que no mundo — ou, pelo

160 EDNEY SILVESTRE

menos, no universo rarefeito da elite intelectual e financeira norte-americana — todos são, de alguma forma, relacionados uns com os outros, vejam isso: quando A *primeira noite de um homem* estreou, Anne Bancroft já era casada com o comediante, roteirista e diretor Mel Brooks, sim, ele mesmo, o criador do filme e do musical *The producers*. E Mike Nichols, que foi parceiro da comediante, roteirista e diretora Elaine May, que já colaborou com Brooks, hoje é casado com uma amiga de Meryl Streep: uma das mais bem pagas e bonitas estrelas da televisão americana, a jornalista Diane Sawyer. Nichols é uma daquelas unanimidades do mundo dos espetáculos dos Estados Unidos. Tudo o que faz acaba aplaudido de uma forma ou de outra. É dele a versão americana do filme francês A *gaiola das loucas*, um megassucesso de bilheteria que, mais uma vez, transformou um talentoso ator da Broadway em estrela mundial: o mesmo Nathan Lane que hoje faz a alegria dos cambistas em *The producers*.

Para A *gaivota* que estamos vendo esta noite, Nichols ganhou o elenco que faz a maior reunião de nomes especiais já apresentada no palco do Delacorte Theater. Digo que "ganhou" porque é a única maneira correta de descrever o que aconteceu. Entre indicações e prêmios recebidos, é possível que dê para contar algumas dezenas. Nichols tem um Oscar (ou seriam dois?) e meia dúzia de prêmios Tony, o Oscar do teatro americano. Marcia Gray Harden, que tembém já ganhou o Tony, recebeu o Oscar de melhor atriz coadjuvante pelo filme *Pollock* e guarda em seu apartamento no West

Village uma coleção de prêmios de teatro e televisão — tal como John Goodman, Natalie Portman e Christopher Walken, que vez por outra era indicado também para o Oscar. Kevin Kline, outro ganhador de vários prêmios Tony, teve quantas indicações para o Oscar? As de Meryl Streep, francamente, perdi a conta. Creio que foram cinco ou seis. Só lembro que nenhuma outra atriz jamais teve tantas indicações quanto ela. A montagem marca a estréia profissional de uma jovem, que me toca especialmente: é Morena Baccarin, brasileira de nascimento, filha da atriz Vera Setta e do editor de imagens Fernando Baccarin.

Além de Meryl Streep, no papel de Arkadina — uma atriz de "uma certa idade" que se recusa a aceitar o envelhecimento — temos à nossa frente Natalie Portman, que também surgiu nos palcos, no papel-título de *O diário de Anne Frank*, antes de ganhar celebridade mundial no mais recente *Guerra nas estrelas*; ela é *A gaivota*, uma ingênua jovem do interior no início da peça, por quem o filho de Arkadina é apaixonado, mas que termina envolvida com o amante da atriz. Baixa, bonita, com aspecto frágil, Portman tem o físico perfeito para o papel, mas sucumbe diante da intensidade de John Phillip Hoffman, vivendo o filho que tenta escapar do sufocamento provocado pelo talento e a frivolidade de Arkadina. O grande antagonista dele, o escritor amante da mãe, cujo egocentrismo acaba por engatilhar uma série de desenvolvimentos terríveis até o trágico desfecho, é o papel de Kevin Kline; pela primeira vez ele e Meryl Streep voltam a se reunir num palco desde que se transformaram em estrelas: na juventude, há mais de duas décadas, fizeram parte do mesmo grupo teatral *off-Broadway.*

Montar *A gaivota* no Central Park foi idéia de Meryl Streep. Faz tempo que ela queria voltar aos palcos mas, evidentemente, nenhum produtor teatral tem dinheiro suficiente para sustentar uma temporada com uma estrela do calibre da atriz de *A escolha de Sofia.* A não ser que cobrasse preços altíssimos pelos ingressos — o que para ela era inaceitável. Por isso, levou a proposta de fazer a peça de Tchecov ao diretor do "Shakespeare in the Park", George C. Wolfe. Que — obviamente — aceitou com entusiasmo enfiar o autor russo no festival dedicado ao dramaturgo inglês. A atriz, então, telefonou para o marido de sua amiga Diane Sawyer; Mike Nichols aceitou imediatamente a tarefa de dirigi-la e ao elenco que, juntos, se propuseram a reunir. Alguns telefonemas depois, *A gaivota* estava pronta para decolar.

Sentado entre outros espectadores encantados, lembro-me das primeiras peças de teatro que vi. Foi sob a lona de um circo, num terreno baldio, em Valença. Eu devia ter uns quatro ou cinco anos. Minha paixão por teatro, hoje sei, nasceu ali, no Circo Teatro Universo, assistindo a *O mundo não me quis* e *O céu uniu dois corações.* Fecho os olhos, ouço a voz de Meryl Streep e me deixo tomar pela imensa sensação de prazer que o verão perfeito me traz.

(inédita)

Fim do verão

A mãe recolhe alguns brinquedos para levar na viagem. Sue Kim sabe que é preciso garantir distração para a filha Christine, de dois anos e meio: o vôo de Boston a Los Angeles vai levar seis horas. O avião parte do aeroporto Logan às oito e meia, foi preciso acordar mais cedo do que de costume, e a menina — normalmente ativa e brincalhona — está sentada, quieta, no sofá da sala, abraçada ao bicho de pelúcia favorito, dormindo novamente.

O pai já colocou quase toda a bagagem no carro, agora volta para o interior da casa colonial no bairro tranqüilo da cidade de Groton, estado de Massachusetts. Por toda a volta o jardim está mais bonito do que nos verões anteriores. É um dos orgulhos de Peter Burton Hanson: as rosas e lilases que plantou sempre provocam comentários de admiração dos vizinhos. Cada uma das mais de trinta árvores que enfeitam a

164 EDNEY SILVESTRE

propriedade também. O prazer é maior porque a filha sempre o acompanha, do plantio à cuidadosa retirada das ervas daninhas que sempre dão um jeito de irromper entre as flores, como penetras em festas às quais não são convidados.

Sue Kim acha o jardim bonito, mas nunca se ocuparia dele. É o tipo de pessoa que colocaria grama, regaria apenas quando se lembrasse, e a quem sequer ocorreria colocar fertilizante. Mas gosta de ver pai e filha juntos, como jamais aconteceu na família dela. Até os seis anos Sue Kim viveu na Coréia do Sul, apenas ela e a avó numa casa grande demais para as duas. Ela nasceu na Califórnia, mas a família de imigrantes achou que em Seul a vida seria menos difícil, mais ordenada, e mais segura do que em Los Angeles, onde a mãe e o pai trabalhavam desde as primeiras horas do dia na pequena mercearia que tinham aberto ao chegar à terra estrangeira. Em casa não havia tempo para abraços. A mãe de Sue Kim morreu quando ela tinha quinze anos.

Peter e Sue Kim não podem ser mais diferentes. Ela é baixa, morena, com aquele tipo de rosto onde os traços não se decidiram se pertencem a uma mulher comum ou bonita. Nunca se interessou muito por música, não conhece o nome de nenhum grupo de rock, nunca leu histórias em quadrinhos, não tem a menor idéia de quem são os astros de seriados da tevê, não sabe o nome de nenhum artista de cinema. Quando terminou o curso secundário, o pai sugeriu que procurasse um marido bom e trabalhador na comunidade coreana. Sue Kim preferiu partir. Foi estudar microbiologia na

OUTROS TEMPOS **165**

Universidade de Boston, um curso que começou pagando com uma pequena mesada do pai, mais o trabalho de babá e garçonete. As boas notas acabaram por dar a ela uma bolsa de estudos.

Peter gostava de rock e amava, acima de todas as bandas, a Greatful Dead. Quando conheceu Kim, parecia eternamente vestido de jeans e camisetas de batik, como um hippie extemporâneo. Os longos cabelos ruivos estavam armados em tranças, muitas, finas. Já passara dos vinte anos, não tinha profissão certa, vivia de trabalhos ocasionais e longas horas ouvindo música em altíssimo volume, trancado dentro do quarto da casa da mãe, com quem ainda vivia, ou dentro do velho automóvel.

O que em um atraiu o outro ninguém sabe. Mas à medida que os encontros entre eles foram ficando mais constantes, Peter abandonou primeiro as tranças, cortou-as. Matriculou-se num curso de administração e negócios, formou-se, trocou jeans & camisetas por terno & gravata. Há oito anos Peter e Kim se casaram. Os amigos dizem que ele se tornou um dos melhores vendedores de *software* que conheciam. Hoje é o vice-presidente de marketing da empresa TimeTrade, sediada em Waltham, uma cidadezinha próxima à dele. Está com trinta e dois anos. Sue Kim, trinta e quatro. A filha tem traços orientais, mas herdou os cabelos avermelhados e o tom de pele de Peter. A família vai a Los Angeles visitar o pai de Kim.

Peter coloca Christine no banco de trás do carro, ajusta o cinto de segurança e vai sentar-se atrás do volante. Sue Kim

166 EDNEY SILVESTRE

chega em seguida. As três passagens estão na bolsa dela. Sue Kim espera que o vôo 175 da United Airlines não esteja lotado: assim Christine poderá deitar-se em duas poltronas e dormir boa parte do tempo.

Também a caminho do aeroporto de Boston, dentro de um táxi, a mulher alta, de cinqüenta e três anos olha o relógio: haverá tempo para tomar um café? Ela ainda é bonita, olhos azuis, cabelos pintados de louro cobrindo os castanhos originais e os fios grisalhos que começaram a aparecer quando ficou viúva, em 1992. Veste-se com simplicidade, não liga para roupas como a irmã Marisa — que herdou a paixão por moda da avó, Elsa Schiaparelli. O único sinal de alguma vaidade é um anel de prata, com uma cruz no centro, que ela usa no dedo indicador.

Berinthia Berenson, chamada de Berry desde criança, vai a Los Angeles rever os dois filhos. O mais novo, Elvis, tem vinte e cinco anos. Osgood, o mais velho, de vinte e sete, tenta a mesma profissão que teve o pai, o ator Anthony Perkins — que chegou a ser indicado para o Oscar, trabalhou com diretores de primeira linha como John Huston e Orson Welles, porém é lembrado, mesmo, pelo papel do filho obsecado em *Psicose*, de Alfred Hitchcock.

Berry é fotógrafa, boa fotógrafa, mas tem trabalhado pouco. A *brownstone* de três andares em que vivia em Nova York quando era casada foi vendida pouco depois da morte do marido. Ela ainda tem bons amigos, que lhe dão apoio e acolhida, como o casal de atores Dan Aykroyd e Donna Dixon.

Mas estes não são mais tempos de festa, como quando participava daquelas que Antonio americano promovia no apartamento dele, no Upper East Side. Seguramente Berry nem se lembra mais delas, muito menos de Antonio americano.

O táxi chega ao aeroporto. Berry Berenson paga a corrida, checa novamente o relógio. Ótimo, há tempo de sobra para tomar um *cappuccino*, talvez comer um *croissant*, antes do embarque, marcado para as oito horas no vôo 11 da American Airlines.

Naquele momento, em Nova York, na rua 13, estou correndo e suando na esteira de uma academia de ginástica, me livrando das várias doses de saquê que tomei na noite anterior, num restaurante em TriBeCa, onde jantei com o agente de viagens Henrique Jaimovich. A academia, próxima à New York University, está cheia de estudantes e professores, de volta das férias de verão. Duas mulheres que correm ao lado não param de falar: comentam o show que Michael Jackson deu ontem, no Madison Square Garden. Uma delas, em tom mais alto para que o maior número de pessoas possível saiba que ela estava lá e viu tudo, diz que o cantor usava maquilagem tão pesada que parecia teatro kabuki; que escondia a boca com as mãos quando cantava, deixando em dúvida se cantava mesmo ou se estava dublando; e que, num dado momento, o espetáculo parecia um circo de aberrações, quando juntaram-se no palco aqueles que ela chamou de *freaks*: Jackson, Marlon Brando, Liza Minnelli, Elizabeth Taylor. A colega dela deu uma gargalhada.

168 EDNEY SILVESTRE

À minha frente os televisores, cada um ligado em uma estação, mostram os noticiários da manhã. Uma chatice. Nada de importante acontecendo hoje, nada de importante se passou nos últimos dias. Há uma série de desfiles de moda masculina acontecendo em algum lugar da cidade; um especialista em tubarões explica a razão de vários ataques em praias americanas neste verão; um apresentador anuncia para daqui a pouco uma entrevista com o autor da nova biografia do milionário exótico Howard Hughes; um atentado no Afeganistão pode ter ferido gravemente, talvez matado, o líder antitalibã Ahmed Massoud; os professores de escolas católicas metropolitanas prometem entrar em greve se não tiverem aumento; os rumores de uma volta de Michael Jordan às quadras de basquete voltaram a circular.

O grande assunto do dia são as eleições municipais. Nas primárias que acontecerão hoje, Nova York escolherá os candidatos dos partidos que disputarão o cargo de prefeito, após oito anos comandada — e metamorfoseada — por Rudy Giuliani. A única unanimidade é: nenhum dos candidatos estará à altura do cargo.

Antes de voltar para casa corro até ao supermercado. Rapidamente compro pão, queijo, leite. Depois corro até a esquina da Quinta Avenida com a rua 14, paro brevemente no indiano que me vende as melhores frutas da estação, disparo em direção ao meu prédio. Tomo o elevador. Chego ao meu apartamento, no décimo quinto andar, ainda molhado de suor. Está fresco lá dentro. Vou até a varanda, tiro a camiseta

molhada, coloco sobre a cadeira de madeira e ferro, volto-
me em direção ao norte, olho para o Empire State Building
por uns breves segundos. Neste fim de verão a temperatura
tem estado sempre agradável, com dias seguidos de céu azul,
sem nuvens, sem chuvas. Tudo perfeito.

Caminho até o quarto, ligo a tevê e o computador, abro o
armário, começo a pegar o que vou vestir. O telefone toca.
Volto-me e vou pegar o fone no gancho quando vejo a imagem na tevê: um grande rombo e muita fumaça numa das
torres do World Trade Center. Provocado pelo choque do
Boeing 767 da American Airlines com noventa e duas pessoas a bordo. Uma delas, Berry Berenson. Dezoito minutos
depois, um segundo avião será lançado contra o arranha-céu
mais alto da cidade, outro Boeing 767. O vôo 175 da United
Airlines que levava, entre os sessenta e cinco passageiros, Sue
Kim, o marido Peter e a menina Christine.

(inédita)

Índice

Adams, Oleta, 96
Adriano (imperador dos cruzados), 155
Aerosmith, 87
Ainslie, Michael, 91
Albee, Edward, 159
Alexandre, o Grande, 155
Alice in Chains, 87
Alliluyeva, Nadezha, 101, 102
Altea, Rosemary (Madame Rosemary), 91, 92
Alvarez, Helio, 23, 147, 149, 154, 155
Amaral (motorista), 27
Amatucci, Guilherme, 26
Andrade, Evandro Carlos de, 23
Andrade, Ricardo, 96
Andrews, Julie, 127
Armand, Inesa, 100
Ashe, Arthur, 33
Austin, Leslie, 59
Aykroyd, Dan, 166

Baccarin, Fernando, 161
Baccarin, Morena, 161
Bancroft, Anne, 159, 160
Bara, Theda, 82
Barbieri, Paula, 79
Barishnikov, 96
Basquiat, Jean-Michel, 35

Batista, Fulgencio, 141
Beckett, Samuel, 159
Beethoven, 112
Berenson, Berinthia, 166, 167, 169
Berenson, Berry, 134
Berenson, Marisa, 134
Bergman, Ingmar, 126
Beria, Laurenti, 100
Beria, Nina, 101
Bogosian, Eric, 96, 126
Braga, Sonia, 33
Brager, Ellie, 59
Brando, Marlon, 45, 159, 167
Britten, Benjamin, 96, 111
Broderick, Mathew, 126, 158
Brooks, Mel, 157, 160
Brown, Ashley, 108
Brown, Kitty, 108
Brown, Tina, 91
Bündchen, Gisele, 135
Burgos, Simone, 25
Busch, Charles, 128
Bush, George W., 15, 159
Bush, George, 32, 104
Bush, Jeb, 32
Byington, Elisa, 19

Cabral, Pedro Álvares, 44
Caláu (motorista), 27

172 EDNEY SILVESTRE

Campbell, Naomi, 135
Capa, Cornell, 129
Capa, Robert, 129
Castro, Fidel, 143
Channing, Stockard, 127
Charisse, Cyd, 74
Christie, Agatha, 66
Clay, Cassius (Mohammed Ali), 108
Clinton, Bill, 14, 99, 104, 121-123, 142-143
Clinton, Chelsea, 104
Clinton, Hillary, 76, 104
Close, Glenn, 126
Coelho, Paulo, 92
Cordova (señor Cordova), 68
Costa, Sherman, 24, 27
Crosby, Stills, Nash & Young, 87
Cypress Hill, 87

Da Gama, Vasco, 44
Daltrey, Roger, 96
Daniels, Jeff, 126
Dean, James, 126
Demme, Jonathan, 49
Dickens, Charles, 127
Diegues, Carlos, 113
Dietrich, Marlene, 74
Diller, Barry, 78
Dinkens, David, 33, 37
Dixon, Donna, 166
Dom Sebastião, 44
Domingo, Placido, 96
Duarte, Simone, 26
Duncan, Mary, 111
Duran, Arnaldo, 21

Edwards, Blake, 127
Evangelista, Linda, 135

Fagan, Garth, 111
Faissal II (rei do Iraque), 150
Fallaci, Oriana, 95
Ferro, Fernando, 26
Figueiredo, Laurinha, 7
Fitzgerald, F. Scott, 82, 110
Fonda, Jane, 62
Ford, Gerald, 32
Friedrich, Carpar David, 96
Friel, Brian, 127
Furstenberg, Diana von, 78

Gabriel, Peter, 87
Geist, Jeff, 90
Giuliani, Rudolph, 24, 29, 37, 168
Godard, Jean-Luc, 113
Goodman, John, 161
Gore, Al, 15
Gould, Elliot, 78
Grant, Hugh, 91
Gray Harden, Marcia, 160
Greatful Dead, 165
Grey Eagle (Águia Cinza), 92
Guare, John, 36
Guimarães, Malú, 25
Guns n'Roses, 87

Haas, Margareth, 59
Hanson, Peter Burton, 163-165, 169
Haring, Keith, 35
Harris, Ed, 126
Harris, Julie, 126
Haven, Malcolm, 82, 83
Havens, Richie, 96
Hawthorne, Nigel, 91
Hendrix, Jimi, 87
Higgins (professor Higgins), 91
Hitchcock, Alfred, 166
Hoffman, Dustin, 159

OUTROS TEMPOS 173

Hoffman, John Phillip, 161
Hopkins, Anthony, 91
Hughes, Howard, 168
Hussein (rei da Jordânia), 150
Hussein, Saddam, 32, 147, 148, 152, 154
Huston, John, 166
Ibsen, Henrik, 159
Ielpi, John, 18
Ielpi, Joseph, 18
Ielpi, Lee, 18

Jackson, La Toya, 91
Jackson, Michael, 167
Jagger, Bianca, 134
Jagger, Mick, 134
Jaimovich, Henrique, 167
James, Henry, 34, 111
Jarreau, Al, 96
João Paulo II, 142, 143
Joplin, Janis, 87
Jordan, Michael, 168

Kennedy, John, 99
Kennedy, Robert, 99
Kennedy, Ted, 99
Kim, Sue, 163-165, 169
Kissinger, Henry, 41
Kitt, Eartha, 96
Klein, William, 129
Kline, Kevin, 161
Kushner, Tony, 101, 128

Lady Di, 91
Lago, Betty, 31, 67
Lago, Regina, 77
Lane, Nathan, 128, 158, 160
Lange, Jessica, 41
Langer, Kaká, 26

Larcher, Julio, 20, 144
Lauren, Ralph, 132
Lee, Spike, 80, 95
Lenin, 100
Leonam, Carlos, 28
Leonard, Robert Sean, 127
Levine, Clarice, 26
Lewinsky, Monica, 143
Lima, Carla, 26
Lloyd Webber, Andrew, 126
Lloyd Wright, Frank, 96

Mahler, Gustav, 96
Mailer, Norman, 69
Mamet, David, 95
Mann, Thomas, 96
Mapplethorpe, Robert, 132
Martino, Telmo, 122
Massoud, Ahmed, 168
Mathis, Mike, 95
May, Elaine, 160
Mayer, Rodolfo, 113
McCullum, Célia, 25
McNally, Terrence, 128
Meier, Frederico Duque-Estrada, 143
Metallica, 87
Metha, Zubin, 96
Meyer, Adolph de, 129
Midler, Betty, 132
Miles, Silvia, 78
Minnelli, Liza, 134, 167
Molotov, 100, 101
Moreira, Orlando, 20-22, 144
Morrison, Toni, 33
Moss, Kate, 135
Mozart, 28
Mugler, Thiery, 78

Nadezha (mulher de Lenin), 100
Nagle, Adriana, 144

174 EDNEY SILVESTRE

Nascimento, Carlos, 21
Natori, Josie, 91
Neves, Alcino, 45, 46
Neves, Manuel, 44-46
Nichols, Mike, 159, 160, 162
Nine Inch Nails, 87
Nogueira, Paulo (Paulão), 27
Nuñes, Enrique, 143

Paixão, Bruna, 25
Pearl Jam, 87
Penn, Arthur, 112-113
Penn, Peggy, 113
Pera, Marília, 127
Perkins, Anthony, 166
Perkins, Tony, 134
Perlman, Itzhak, 96
Pio, Antonio, 151
Pontual, Jorge, 21
Portman, Natalie, 161
Presas, David, 25, 144
Presley, Elvis, 126
Prince, Harold, 126
Public Enemy, 87

Ramalho, Ana Maria, 77
Ramalho, Ricardo, 77
Reagan, Nancy, 99
Reagan, Patti, 99
Reagan, Ron, 99
Reagan, Ronald, 32, 43
Red Hot Chilli Peppers, 87
Redford, Robert, 133
Redgrave, Vanessa, 125
Reis, Cristina, 25, 95
Revzen, Joel, 111
Rivera, Chita, 126
Robinson, Virginia, 81-83
Rocha, Glauber, 113

Rollins Band, 87
Rooseelt, Franklyn, 99
Roosevelt, Eleanor, 99
Rossini, 111
Rothblatt, Bina, 74, 75
Rothblatt, Martin (Martine), 73-76
Rubell, Steven, 132

Sackville-West, Vita, 125
Salles, Alvaro "chumbinho", 26
Sawyer, Diane, 160, 162
Schiaparelli, Elsa, 166
Schlesinger, John, 77, 78
Setta, Vera, 161
Shakespeare, William, 128, 158, 162
Sharon, Ariel, 148
Sheppard, Sam, 126
Siegel, Stanley, 29
Silva Pinto, Luis Fernando, 21
Silva, Zileide, 21, 25
Silvestre, Joaquim, 116
Silvestre, Lourdes, 27, 116
Simms, Dwight, 81-83
Simms, Elaine, 82, 83
Simon, Neil, 36
Simpson, Jimmy Lee, 79
Simpson, O. J., 77-80
Sinatra, Frank, 99
Siqueira, Daniele, 25
Soares, Anemeri, 20
Soares, Jô, 94
Souto, Ionaide de, 26
Spacey, Kevin, 36
Spielberg, Steven, 132
Spinella, Stephen, 128
Stalin, Josep, 100-102
Stalin, Svetlana, 101
Stanley, Kim, 45
Steinhauser, Bert, 7

OUTROS TEMPOS 175

Steinhauser, Eric, 95
Stone, Oliver, 80
Streep, Meryl, 127, 157, 160-162
Streisand, Barbra, 78
Studart, Joana, 23, 25

Tandy, Jessica, 159
Taylor, Elizabeth, 167
Tchecov, Anton, 158, 162
Tomei, Marisa, 127
Tralli, Cesar, 26
Trump, Donald, 107
Trump, Ivana, 41
Turner, Lana, 78, 132

Valentino, Rodolfo, 82
Van Damme, Jean Claude, 62
Van Halen, 87
Vanderbuilt, Cornelius, 70-72
Vanderbuilt, Gloria, 72
Vasilyeva, Larisa, 100, 101
Villas-Boas, Flavia, 7
Villela, Heloísa, 20, 21
Vinhas, Paulo, 26
Voight, Jon, 78

Von Villas, Muriel, 111
Vreeland, Diana, 134

Waak, William, 26
Wagner, 126
Walken, Christopher, 126, 161
Warhol, Andy, 41, 134
Warwick, Arnie, 45
Warwick, Dionne, 91
Washington, George, 17
Wayne, John, 113
Welles, Orson, 166
Wharton, Edith, 111-113
Williams, Vanessa, 126
Wilson, Nancy, 96
Wintour, Anna, 91
Wolfe, George C., 128, 162
Wolfe, Tom, 86
Woolf, Leonard, 9
Woolf, Virginia, 125

Zefirelli, Franco, 134
Zero, Paulo, 26
Zhemchuzhina, Paulina, 101

Este livro foi composto na tipologia Goudy Old Style,
em corpo 12/16, e impresso em papel off-white
80g/m² no Sistema Cameron da Divisão
Gráfica da Distribuidora Record.